U0454659

关键选择

危机公关策略与实战

李允洲 著

中国人民大学出版社
·北京·

图书在版编目（CIP）数据

关键选择：危机公关策略与实战 / 李允洲著. --
北京：中国人民大学出版社，2023.5
　　ISBN 978-7-300-31480-8

Ⅰ.①关… Ⅱ.①李… Ⅲ.①企业管理－公共关系学
Ⅳ.①F272.9

中国国家版本馆 CIP 数据核字（2023）第 036113 号

关键选择

——危机公关策略与实战

李允洲　著

Guanjian Xuanze——Weiji Gongguan Celüe yu Shizhan

出版发行	中国人民大学出版社				
社　　址	北京中关村大街 31 号		**邮政编码**	100080	
电　　话	010 - 62511242（总编室）		010 - 62511770（质管部）		
	010 - 82501766（邮购部）		010 - 62514148（门市部）		
	010 - 62515195（发行公司）		010 - 62515275（盗版举报）		
网　　址	http://www.crup.com.cn				
经　　销	新华书店				
印　　刷	德富泰（唐山）印务有限公司				
开　　本	890 mm×1240 mm　1/32		**版　　次**	2023 年 5 月第 1 版	
印　　张	8.25 插页 2		**印　　次**	2023 年 5 月第 1 次印刷	
字　　数	159 000		**定　　价**	69.00 元	

北大纵横迄今已走过二十七个春夏秋冬，我一直在观察和总结企业的发展变迁。一家企业就是一叶小舟，我们不要过分夸大企业的能量，无论多大的企业，在市场面前都会面对惊涛骇浪，很少有未曾经历危机便走向壮大的企业。这给企业家及职业经理人提出了一个重要命题：如何因势利导、谨慎行动以渡过危机？

我认为大多数企业家及职业经理人具备带领企业走出危机的能力，拥有带领企业走出危机所需的资源，但是，这又与很多企业最终倒下的现象相矛盾。原因在于，这部分企业家及职业经理人，未能有所为有所不为地去运用这些能力及资源。

我们经常见到越描越黑的危机公关，甚至会感叹如此公关不如不公关；也会见到越做越乱的危机公关，甚至会感叹为什么如此高昂的公关投入却"落了片白茫茫大地真干净"。未能有所为有所不为地处理危机公关，会给企业带来灾难性后果。所以，我们必须思考更加落地的一个关键问题：如何在危机公关中有所为有所不为？

传统意义上的危机公关，更多局限于传播学视角，与管理经济学结合得不够紧密，难以给复杂的危机公关以真正指导；宏大叙事上的危机管理，给出了过于包罗万象的体系，与常见的生活场景难免有一定距离，无法给读者一个方便理解的精准抓手。本书借助战略管理中常见的简洁化表达方法，运用耳熟能详的直观的数学概念与经济学常识，来帮助读者更好地理解危机公关，来帮助读者知道如何对症下药、如何有所为有所不为。例如，在分析企业危机时，直接给读者以具体明晰的分类定位工具，判断是否要做危机公关；在执行过程中又给出明确的衡量思路，判断危机公关要做到什么程度。因此，读者可以在本书中清晰地见到能直接落地的思考方法。

本书作者李允洲是北大纵横合伙人，具有投后战略管理和企业危机管理的复合型经验，也具备金融学院和商学院复合型知识背景，既能"深入"项目深处，又能"浅出"表达方法。危机公关方法论的内核，在时代的变迁中并没有太多变化，难处在于如何去领悟这个内核，而本书为读者提供了一个理解这一内核的好途径。

对于企业家及职业经理人，无论是出于思想高度重视危机，抑或是发现了企业危机苗头，我都建议读一读这本书。

王璞

北大纵横管理咨询公司创始人

多年前，我创办公关顾问机构时，对公共关系以及"极端情形"下的危机公关常有探讨，时有"跳出公共关系看'关系'"的冲动，期待一个历史时点重新审视，乃至重新定义危机公关。

回望百年，公关的"关系"具有多学科的视角，只是在不同时期，不同视角的定义占据主导地位。对危机公关，基本达成了速度、真诚等心理学原则性共识；同时对品牌、市场、新闻学等在公共关系以及危机公关中的历史脉络均有理论探索与实践延展。进一步来看，危机公关理应从政治格局、经济周期、历史文化等更加宏大的视角去审视，事实上"百年未有之大变局"给予了危机公关发展上的挑战和机遇，背后需要我们重新审视"关系"，这无论在社会科学中还是在自然科学中都是最根本的概念。

回归微观，当前政府、企业以及各类组织预防或处理危机是一种常态，事实上也呼唤着危机公关新的范式。全球的法律、制度等正在发生系统、深刻的变化，以适应全新的关系协调，而其他领域从实操层面也呼唤可落地的危机公关打法。

举例而言，在博弈最为深刻的资本市场，危机公关与公司金融、公司战略等不同职能也在加速融合。2023年初全面实行股票发行注册制改革正式启动，对企业的公司金融提出了更高的要求，需要企业在开展投资者关系工作时居安思危，考虑危机公关视角，避免出现大起大落，努力实现稳健发展。在本书中，读者能见到作者穿插的资本市场领域危机公关案例，在阅读过程中可以丰富认识危机公关的视角。

从企业战略层面看，企业发展早已不再只看单一的利润指标，还会涉及社会、环境等多维要素，系统性和复杂性进一步提升。常用以保障企业战略发展的危机公关，被赋予了更重要的角色和意义，这需要在既有的危机公关范式之外，注入更加多元的维度，从而更好地与企业战略系统加以融合。本书作者在分析过程中以数学语言、经济学通识，为传统公关人士打开了新的视角，以更好地理解危机公关要义。

本书经过系统化构思，从全新的视角用通俗易懂的语言解读危机公关，是一本兼具理论和实践价值的好书。

方涛

中青旅文旅产业发展公司总经理

如何掌握危机公关?

提到危机公关，很多人会联想到备受关注的华为、阿里巴巴等知名企业处理各类负面新闻的案例，但危机公关的作用并不局限于舆论危机方面。

更为常见的情况是，企业想突破发展瓶颈，上市公司想解决市值低估难题，企业家想借助危机公关方法发现企业潜在的问题，或者有些高层管理者希望站在预防危机的角度去理顺战略项目，本书在第二章还会介绍投资并购领域的危机公关实操案例，这些内容构成了危机公关项目的重要组成部分。

这些情况与我们的日常工作更是息息相关，但往往因为我们不了解危机公关而忽略了从危机公关的视角去解决这些问题，所以遭受了不必要的损失，比如企业因此失去客户信任或者错过发展机遇甚至走向破产。因此，在一定程度上，我们**不一定要做危机公关，但一定要懂危机公关**。

有一次，在向一位企业家介绍完我认为的危机公关体系后，企业家说这样做危机公关是在做战略管理，危机公关的逆向思维与全局意识对企业而言是一种具有普适性的深层逻辑。这位企业家便是换了一种视角去寻找危机公关的本质，即重点关注危机公关是否符合企业战略以及能否解决关键问题。

本书将基于各类企业在实践中沉淀的经验，呈现一套有效的危机公关战略管理方法论，即以战略管理为主导的危机公关方法论：借助战略模型思维方式洞察危机，进而指导危机公关系统化运行，实现效果和效率的提升。危机公关战略模型是应对危机的一种深层思维方式，用以分析和有针对性地解决危机，从而避免公关效果上的不深入和行动上的不经济。

因此，本书将借鉴战略管理中常见的简洁化表达方法，运用耳熟能详的直观数学概念（无需数学计算而只需借用这些通识性认知）与常用经济模型概念，更直观地呈现危机公关。通过这一过程，将危机公关分解成数学与经济学层面的问题。与此同时，将不同领域的知识进行串联，以方便读者将危机公关深层逻辑能力迁移至非危机公关领域。

在案例选择方面，本书较少涉及近年来影响较大的美联航暴力赶客、英国石油墨西哥湾事件等海外案例，主要聚焦于本土的案例实践。另外，考虑到危机公关呈现出"太阳底下无新事"的特征，本书优先选择更有助于展示逻辑的案例而非一味求新，比如在第三章，围绕2011年的达芬奇家居案例而非2018年的碧桂园案例加以展开。

在案例描述方面，本书对所列举的实践案例进行了理论萃取，以帮助读者更好地吸收。而且，本书在讲述一些实践案例时并非一笔带过，而是会在不同章节以多样化的视角加以解读，从而更好地呈现危机公关方法论。

希望本书帮助读者不仅了解如何"做好"危机公关（知其然），而且掌握如何"看懂"危机公关（知其所以然），从而帮助企业或个人掌握如何应对危机和渡过难关，同时希望从危机公关的逆向思维与全局意识视角为读者提供启发。

"做好"危机公关相对而言较为简单，因为主要涉及运用我们的常识，比如沟通技巧、文案写作等。这在一定程度上类似于1993 年接管 IBM 并使 IBM 从濒临破产到重振雄风的郭士纳的说法，"从某种程度上来说，我自己的工作经验在我看来都是一些类似于常识的东西"。

"看懂"危机公关是重中之重。一方面，因为在"看懂"的情况下，"做好"便会水到渠成；另一方面，危机中的企业会存在拒绝承认现实的潜意识，这些潜意识对于工作非常不利，但如果企业在意识层面能够注意到这些潜意识，便能减弱这些潜意识的干扰。这一过程并不容易，需要我们克服困难。

另外，危机公关要扎根于企业实际情况、服务于企业运营需求，不能走入为了危机公关而公关的炫技误区，比如危机公关内容是否符合信息披露要求等细节，必须参考相关部门意见而不能一意孤行。

本书共 10 章，第一章讲述战略管理层面的危机公关的深层逻辑，第二章至第九章分别围绕八个危机公关关键词及关键策略展开阐述，第十章讲述危机公关对战略管理的反向启发，也即战略与财务和市场三角联动。

第一章的关键词是战略管理视角的危机公关。本章介绍了危机会给组织带来哪些影响，从而运用逆向思维对症下药；同时还介绍了要从联动的视角去审视危机，以全局意识分析危机公关。

本章既会提到老案例，比如曾经红极一时的央视标王秦池酒业，也会提到新案例，比如阿里巴巴蒋凡事件，还会简单提及某企业家写内部信的小危机公关故事。案例并非重点，重点在于借助这些案例可以帮助大家更好地理解危机公关。

第二章的关键词是传播，整体可以视为一种沟通策略（内容策略）。在危机公关中，我们要通过科学的沟通去赢得理解和支持以克服危机，但无论是通过点对点的沟通（例如商务谈判）或者点对面的沟通（大众传播），还是通过口头沟通或者文字沟通，真正承担沟通职能的是我们生产的内容，所以如何生产内容是本章的核心。

本章导入案例为全棉时代在广告涉嫌不尊重女性后的"广告式道歉"，在正文中还会穿插字节跳动、狗不理包子王府井店等不同规模企业的案例，以帮助读者更好地理解危机公关中的传播内容。此外，还将重点讲述某公司并购危机公关案例，同时基于这些案例进行理论萃取，引入危机公关**"最大公约数"**方法。

第三章的关键词是洞察，整体可以视为一种分析策略。本书提供了一种直观的危机公关分析工具，帮助危机中的企业和个人准确认识危机，以对症下药。比如有些危机需要关注和回应，有些则不用，如果眉毛胡子一把抓，反而会带来更大损失。

本章导入案例为达芬奇家居品牌在面对媒体曝光时的认知准备不足，后续还将描述海澜之家、东方雨虹等大型上市公司在资本市场企业形象工作方面的教训与经验，在此过程中还将对不同的案例分类以加深读者理解，逐步呈现如何使用危机公关**"平面坐标系"**分析工具。

第四章的关键词是抓统筹，整体可以视为一种项目策略。我们已经对危机公关进行了分析定位，也介绍了危机公关的主要工作内容，接下来就以一种科学的排兵布阵方式使危机公关加以落地，本章将会解答这一问题。

本章导入案例为某公司在危机公关抢位时的内部过程复盘，同时还将呈现华为、可口可乐的危机公关表达。另外，还将在微观层面深入分析海底捞危机公关案例，并在宏观层面分析德勤内部员工举报事件等案例，进而呈现如何运用**"立体坐标系"**统筹危机公关。

第五章的关键词是懂方向，整体可以视为一种溯源策略。本章会提供工具，用来分析为什么我们眼中的各行业高手会在危机公关中失误，以及为什么有些满腹经纶的人在与决策层沟通时并不顺畅，还将利用这种工具实时指导危机公关执行中的方向。

本章导入案例为碧桂园的新闻发布会上的金句以及乐歌股份

董事长隔空喊话平安资管投资经理的事件，同时借助万科王石谈及"捐款门"时的心路历程，展现危机公关**"三角形"**的**"应然"**、**"实然"**以及**"认为的实然"**。

第六章的关键词是格物，整体可以视为一种平衡策略。本章会借鉴博弈论的一些思路对危机公关加以拆解，从中总结可供借鉴的危机公关教训与经验。

本章导入案例为前海人寿与格力电器间的你来我往，同时还会对迈瑞医疗"你们散户"论调等表达进行相关分析，从中提炼由危机公关零和博弈转向非零和博弈的三种策略，进而总结危机公关**"博弈论框架"**的思路。

第七章的关键词是兼容，整体可以视为一种共情策略。对于危机中的企业或个人而言，有效应对危机必须赢得利益相关者的支持，所以本章将介绍危机公关中的利益相关者以及如何与利益相关者进行沟通。

本章导入案例为红黄蓝幼儿园虐童事件，借该案例引入利益相关者沟通策略，同时会逐一概括性介绍 PR、GR、IR、ER、CR，以帮助读者更好地认识**"利益相关者"**。

第八章的关键词是善选择，整体可以视为一种决策策略。处于危机中的企业和个人往往容易自乱阵脚并作出错误的选择，如果沿着错误的方向努力很有可能会事倍功半且带来负面影响，所以本章将阐述在危机公关中如何进行取舍。

本章导入案例为中曼石油起诉《新京报》、泸州老窖诉网友名誉侵权等案例，之后还将描述腾讯与老干妈的过招，进而引入危机公关无差异曲线，并展开描述如何运用**"无差异曲线"**帮助危机公关决策人作出正确的决策。

第九章的关键词是知分寸，整体可以视为一种投资策略。本章将主要阐述在危机公关中需要做到何种程度，有些危机公关容易导致过犹不及的结果。

本章导入案例为富士康向记者索赔3 000万元的案例，同时还将引入格兰仕危机公关案例，并结合危机公关**"边际产量曲线"**，详细介绍企业危机公关该如何发力以及发力到何种程度。

第十章主要讲述基于危机公关逆向思维和全局意识总结出的战略与财务和市场的三角联动。

通过了解危机公关战略管理方法论体系，以此作为突破口，爬上山顶，再转个方向看看其他领域，会别有一番风景。不过，个人整体能力既包括危机公关能力也包括很多其他能力，都需要不断打磨。本书中的方法论也需要在实践中不断迭代，其实我们对于企业也需要不断深化认识，随着掌握的信息增多，得出的看法也会变化。

在展开关于危机公关的主体内容之前，我们务必达成一个共识，本书是在探讨危机公关而不是介绍新闻评论或者网络留言。因此，本书聚焦于危机及危机公关中的得失而非道德评价，除非需要以道德评价的方式来帮助我们更好地理解危机公关，因为企业家创办企业及经营企业的行为本身就非常了不起。

| 上篇 |

危机公关项目执行

| 下篇 |

危机公关策略拔高

上
篇

危机公关项目执行

本书前半部分为危机公关项目执行篇，将运用直观的数学概念来展现危机公关策略。具体而言，即借助最大公约数、平面坐标系、立体坐标系、三角形等工具，对危机公关核心环节加以分解，在危机公关的关键时刻，可用于构思沟通内容、进行危机分析、做好项目统筹策略、把握项目方向等。

之所以引入通俗易懂、耳熟能详的数学概念，是因为企业家、职业经理人或危机主体决策人对于危机公关的认识通常落脚于讲究态度、速度等原则的感性层面，缺乏对实践层面策略的认知，所以需要借用直观的数学概念来厘清。如果用更通俗一些的"道"与"术"二字来解释，即我们通常对危机公关有"道"的认识，但对"术"了解不足，而"道"与"术"两者不可偏废。在面对危机时，我们可以探讨"道"但不能仅坐而论道，应该同时关注落实与执行。

例如，我们该如何抓住危机公关工作的主体部分？借用最大公约数来理解危机公关内容策略、部门协调方法，就非常简单、形象。又如，我们该如何分析企业所面对的危机以对症下药？这时如有简化的平面坐标系，答案就会清晰明了。

回到危机公关的学习过程，相应也存在由"道"入"术"与由"术"入"道"两条路径。在危机公关领域，我们更推荐后者，因其更有助于大家跨越知道与做到之间的鸿沟，这也是本书引入简单数学概念的初衷——把艺术性与科学性兼具的危机公关以更直观的方式呈现出来，真正有助于做好危机公关。

第一章

危机公关的战略管理透视

在开始了解危机公关之前要先迭代对危机的认知，要建立逆向思维的逻辑，即需要先了解危机会造成哪些伤害再据此对症下药。本章将从战略管理的视角重新剖析危机公关的概念和意义。

很多危机对企业的影响并非带来舆论声讨、影响企业品牌这么简单，这一点结合企业的成长阶段可以看得更为清晰。

如果接触的是危机中的非上市公司，通常可以联想到品牌受损以及销售受阻；如果接触的是卷入危机的上市公司，可以关注市值波动给企业带来的影响；如果接触的是卷入危机的参控股多家上市公司且有多元化融资渠道的集团型企业，会进一步涉及评级变动及融资成本变化带来的资金成本的增加；等等。

有些企业凭借运气或实力或兼具两者，成功熬过了危机，但是在危机阶段"段时间"内的损失无法挽回。比如，那些当年本应实现却因危机影响未能实现的亿元级销售损失，那些本应低成本融资却因危机导致资金成本增加的额外财务费用支出，这些"段时间"内的损失额就是"危机伤害值"。

如果希望进一步认识危机公关并锻炼思维，读者可以从战略投资视角去分析危机公关的投资回报比。

把投入危机公关中的金额当作分母，把因此规避掉的危机伤害值当作分子，用分子除以分母，也即用企业因为危机公关而避免的有形无形危机损失额除以企业在危机公关上的投入额，便可以计算出危机公关的投资回报比。根据上述过程计算得出的投资回报比，对于企业或者个人以及其他危机主体而言便是判断依据，用来决定是否该做危机公关以及做到何种程度。

处理危机公关需要具有战略投资眼光，以一种逆向思维去分析危机的真正损失。

除此之外，很多危机以导致企业错失发展机遇的形式呈现，对企业而言这种情况的破坏力往往会更强。时间久远一点的案例如曾经的央视标王秦池酒厂，时间稍近一点的案例如曾经红极一时的聚美优品。这类案例多少有点"秦人不暇自哀，而后人哀之；后人哀之而不鉴之，亦使后人而复哀后人也"的影子。

凤凰网山东综合频道 2017 年对一代标王秦池 20 年（1997—2017）悲喜剧的总结性报道中，有三段关键内容值得关注[①]：

> 在此的前一年（1996 年），这个山东男子曾带领 1990 年注册成立、1995 年销售额才过 1 亿元的秦池酒厂豪投 6 666 万元，竞得第二届央视广告招标"标王"，并在一夕之间骤得

① 冯冬宁. 秦池二十年：一代"标王"的悲喜剧. (2017 - 12 - 13). https://sd.ifeng.com/a/20171213/6224139_0.shtml.

大名，成为中国白酒市场上最炙手可热的品牌。当年销售即冲到 9.5 亿元，利税创下 2.2 亿元，增长了 5～6 倍。

在秦池再度加冕"标王"两个月后的 1997 年 1 月，当希望借助央视平台狂砸 3.2 亿元并欲实现 15 亿元营收目标"美梦"的姬长孔兴冲冲地赴北京领取"中国企业形象最佳单位奖"的时候，暴风雨突然而至：一则关于"秦池白酒是用川酒勾兑"的系列新闻报道，把秦池推进了无法自辩的泥潭。

这就是 20 年中，经历了大起大落的秦池。如今，一切似乎又回到了标王前的样子。

面对危机导致企业错失发展机遇的情形，如果企业的危机公关打法未能充分考虑企业的战略诉求，那么危机公关很难发挥预期作用并将流于形式，危机公关就成了为公关而公关。

如果在危机公关中充分融合企业战略，同时对企业、企业家以及公司人员提出了更高的要求，这也就意味着成本的提高。

所以，企业是否愿意以及是否需要为这些成本买单？关于这一问题的答案，又回到了前文所说的用战略投资眼光分析得失。

如果站在更高的维度重新审视危机公关，可以关注时间属性和空间属性。

一方面，若企业未能正确开展危机公关导致错失发展机遇，这具有一定的时间维度属性；另一方面，若企业未能将危机公关与企业战略诉求融合，比如跨部门协同等，则具有一定的空间维度属性。

危机公关的时间和空间维度属性之间相互影响、相互转化，有时会呈现出用空间争取时间的形态，有时又会呈现出用时间换取空间的形态。

除了经常作为危机主体的企业以外，作为个体的人，也经常会卷入风暴中心，对此可以再了解一个案例。

据蓝鲸财经报道，2020 年 12 月末蒋凡被中止认定杭州高层次人才。① 网络信息显示，此事或起因于 2020 年 4 月蒋凡舆论风波中的刻板印象。在高光时刻留下的危机刻板印象有时需要一个更耀眼的高光时刻才能冲掉，否则这一刻板印象经常会成为被别人提及或声讨时的优先级联想。

12 月 23 日，据杭州人社局，淘宝天猫总裁蒋凡被认定为杭州高层次人才，引起网络热议。蓝鲸财经记者发现，公示发布后，有网友称其投诉蒋凡不符合通知中"申请人应模范遵守法律法规、道德标准、公序良俗"的要求。

12 月 29 日，蓝鲸财经记者联系杭州市劳动保障局信访接待室，工作人员称："12345 已将收到的投诉反馈给我们，公示当天相关部门就对结果进行讨论，原本是公示期三天后通过，但目前这项工作是中止的，具体结果要等各个单位都研究过。"

---

① 蒋凡被中止认定杭州高层次人才 人社局：接到举报 认定工作暂停. (2020 - 12 - 29). http://finance. sina. com. cn/tech/2020 - 12 - 29/doc - iiznctke9194621. sht-ml.

如果保持危机意识对潜在危机做充分沟通处理，事情不至于发展至此。该事情扎心的关键在于刻板印象标签冷不丁地蹦出来了。

关于刻板印象标签，也得看当事人内心是否真在意，即读者要有一个心理预期，人们对名声的在意可以分为真正的在意和表现出来的在意，这里面有些求仁得仁的意味，当然也不能太任性。

不过，在该案例中，最重要的是启发了危机公关中的又一个关键要素，即全局意识，在某种程度上也可以称为联动视角。也即危机公关以及危机公关所属的公共关系均需要回到联动的逻辑框架中。

关于企业和个人的公共关系工作，本书认为这是一种包括客户等特定受众以及其他利益相关者等非特定受众在内的传播与认知层面的系统性工作。从某种程度上来看，因为政府也会关注舆论，所以公共关系与健康的政商交往也存在一些相关性，任何一家企业都不会忽视这个视角。

本书在此不展开描述公关工作，但危机主体一定不能在做危机公关时忽略了该维度。这也说明读者在看舆论危机时要建立更全面科学的思维，即在现实中需要全局考量，而不能像在学习危机公关时，为了学习目的对某些部分做特殊的放大和抽象处理。

想要理解全局意识的联动视角并不难，比如媒体报道蒋凡于2020年12月末被中止认定杭州高层次人才一事时就提到了网友投诉，该案例很直白地体现出了关联性。

　　第二章还会提到媒体广泛报道的张一鸣的内部信，也需要读者带着全局意识以联动视角去分析这封内部信的影响，而不能只是看热闹。从某种程度上来说，危机公关往往最不缺的就是热闹，所以面对危机时一定要有定力。

　　另外，我想在此补充一个有意思的背景信息，提醒读者不要被"内部信"的字面意思迷惑。有些行业或一些公司的传播行为相对而言有其自身的习惯，比如说写内部信，但是内部信往往很快就会被大量传播渠道有节奏地转载，很难再作为内部信。

　　这样的内部信很常见，但是也有例外，毕竟不同企业的传播习惯不一样。下面讲讲我在咨询工作中遇到的真实情况。

　　几年前有一家设备制造领域的上市公司董事长写了封内部信，他想通过写内部信的方式增强员工的危机意识。

　　但是，这封内部信的内容过于夸大企业潜在危机，加上"好事不出门，坏事传千里"，这封内部信有很大概率会被传阅出去，存在导致企业市值出现不必要波动的可能性。

　　当时我就赶紧请负责客户对接的同事联系该公司董事长一定要先等一等，修改一下内部信的尺度后方可使用。

　　企业想增强员工的危机意识以促进大家努力是正确的选择，但是不能用力过猛，这也是一种全局意识。关于更深层次的全局意识，本书的最后一章会讲到战略与财务和市场三角联动逻辑。

　　总体而言，如同金融行业的很多人视并购为明珠一样，危机公关也称得上是公共关系行业的明珠。但无论如何看待危机公关，

如果想真正掌握危机公关，便要从"理解"一词着手。

这是因为理解是支持的前提，也是危机公关的前提，想做好危机公关就必须率先获得大众的理解、监管层的理解、媒体的理解、员工的理解、产业链上下游的理解、资金方的理解等众多理解中的一个或多个，而获得这些理解需要依靠沟通传播。

因此，做好危机公关意味着掌握了关键时刻的沟通传播技巧，而在关键时刻能做好沟通传播管理，往往都能做好日常的公关策略，甚至掌握了公关策略的本质。

用"最大公约数"抓危机公关的关键

危机公关的关键工具是沟通传播，因为危机公关要通过正确的沟通传播去赢得理解和支持，进而解决危机。

从执行层面看，无论是点对点或者点对面形式的沟通传播，还是书面或口头形式的沟通传播，都是通过内容进行的。正如古有"一字千金"现有"内容为王"的说法，内容在危机公关中不可或缺。人人都可以生产内容，有些危机公关内容有用，而有些内容无用。

那么，在危机公关中应该抓住哪些关键点进行内容管理呢？如何鉴别哪些内容有助于危机公关呢？又该如何组织撰写内容呢？关于危机公关内容策略的这些问题，本章会进行解答。

本章将带来第一个直观数学模型（无须计算的数学概念），即危机公关"最大公约数"，危机主体或旨在预防危机的主体可以借此更好地掌握内容策略和理解危机公关的精髓。从某种意义上来说，全局意识与逆向思维是危机公关的深层逻辑，而最大公约数则是危机公关的工作主体。

下面，先随着本书一起去了解案例，再挖掘案例背后的最大公约数，根据最大公约数学习并掌握危机公关的实战技巧，此后进一步探讨危机公关最大公约数在其他领域的应用，最后再了解一下传播模型。

1. 为什么企业会失去理解与支持？

2021 年 1 月，全棉时代的一则广告涉嫌不尊重女性引起了舆论的讨伐；接着，全棉时代的"广告式道歉"进一步点燃了舆论，全棉时代被有关部门的几次点名都被媒体报道出来。[①]

另外，关于该事件的后续影响，资本市场也有所反应，全棉时代母公司稳健医疗的股价受到影响。根据中国经济网的报道，2021 年 1 月 14 日，稳健医疗股价连续第二日收跌。[②] 如果多加留心，从危机案例的公开报道中可以得到大量信息。

下面围绕广告式道歉，来看一下中新经纬客户端在 2021 年 1 月初对主要节点的跟踪。[③]

近日，全棉时代的一则视频广告内容引发热议。部分网友认为该广告故事情节"不尊重女性""侮辱女性"。

---

① 侯隽. 全棉时代为什么要一再"凡尔赛式"道歉，母公司稳健医疗狂赚 36 亿. (2021 - 01 - 13). https://baijiahao. baidu. com/s? id = 1688767500705610325&wfr = spider&for=pc.

② 稳健医疗两天市值蒸发 86 亿 受累全棉时代广告危机？(2021 - 01 - 14). https://baijiahao. baidu. com/s?id=1688851008064387763&wfr=spider&for=pc.

③ 闫淑鑫. 全棉时代母公司回应"广告式道歉"：董事长亲自看过. (2021 - 01 - 13). http://www. jwview. com/jingwei/html/01 - 13/374363. shtml.

　　1月8日，上述事件持续发酵。随后，全棉时代通过官方微博发表致歉声明称，对于视频内容给大家带来的不适深表歉意，已第一时间将此视频进行下架处理，并立即成立整改小组，对出现的问题进行严格问责，同时完善内容制作和审核机制，杜绝类似事件再次发生。

　　1月10日夜间，全棉时代再次道歉，发表名为"歉意表白"的致歉信，称"经公司整改小组全面调查，是我们内部的工作失误，让不符合品牌标准、违背企业价值观的视频上线"。

　　在全棉时代上述致歉信中，道歉内容仅有两段，之后近两页内容都是在回顾企业的创办历程，包括介绍公司创立初衷、专利技术、质量把控、原料选材、公益活动等。

　　另外，在中新经纬客户端的报道中，还提到了稳健医疗董事长的态度。

　　1月12日，全棉时代母公司稳健医疗证券部相关负责人接受中新经纬客户端采访时表示，全棉时代上述致歉信其董事长亲自看过，是想把公司目前的价值观呈现给大家，公司会尽快公布调查结果。

　　关于该事件，本书不需要像网络舆论那样去声讨全棉时代，因为那是媒体评论或者网络舆论的主要职责。同时读者也无须研究全棉时代这封道歉信的完整内容，虽然对文案细节进行分析有价值，但更重要的是了解危机公关思维。

一方面，要抓住该案例中的一个关键动作。

公开报道中指出，"全棉时代上述致歉信其董事长亲自看过，是想把公司目前的价值观呈现给大家"，所以企业方的表态透露这封致歉信是该公司董事长亲自通过的。

这一动作的线索非常清晰，而且该动作本身也值得深究。在学习危机公关的过程中，本书及读者不应批评也不宜指责案例中的任何当事人，但是可以启用万能视角，准确捕捉案例中的关键动作并进行开放式思考，帮助提升认知水平。

首先来调整一下情境，如果把时间调整到该公司发出广告式道歉之前，假如企业方不知道发出广告式道歉将会面临舆论谴责，企业员工写了两份道歉信给董事长，一封是非广告式道歉，另一封是广告式道歉。

接着再预测一下结果，即在上述情境中，大家认为案例中的董事长会选择哪一份道歉信？

企业员工向上级提建议时，需要综合考虑企业家和CEO的性格。另外，企业员工看重稳定高薪的工作，难以像外部顾问那样不必考虑职位发展的问题。

关于全棉时代为什么会出现广告式道歉，可以翻阅本书第五章，该章对"危机公关人员没能说服或没有说服决策层"现象进行了详细分析。这一问题非常重要，只有找到"没能说服或没有说服"的原因，才能减少无效建议。

另一方面，引入该案例的新视角以向实操过渡。

前文指出了全棉时代广告式道歉中的关键动作，现在要对广告式道歉案例中的错误进行分类以汲取经验。

为了更好地理解广告式道歉案例，读者可以假设一个生活中的情境，朋友双方出现了矛盾，其中一方在向另一方道歉时仍在自吹自擂、自说自话，另一方大概也难以接受。

全棉时代道歉信及其所代表的公关方式便具有这种较为明显的自说自话属性，这通常是公关失效的主要原因，也往往是企业失去理解与支持的关键所在。

至于如何解决自说自话的问题，可以翻阅本章下一节中详细介绍的最大公约数方法。

本节在最后导入一个新案例，一方面有助于读者理解全棉时代在危机公关技术层面出现这种失误并非个例；另一方面有助于读者了解危机的形式不仅限于舆论危机，而是多种多样的，与此相应，危机公关的用途也不限于纯危机领域，还可以为企业达成战略目标提供润滑作用。

该案例中的公司所属行业为具有一定业务壁垒的科技领域，该公司基于自身战略规划急需向资本市场解释自身的价值，但其自身也存在一定的自说自话倾向。

当时，我在看了该公司高管提供的材料之后，和其董事进行了探讨，并对对话的主要内容做了如下梳理。经历过投资者关系及公共关系项目的读者，或许对此类对话感同身受。另外，该案例与前文已经被舆论广泛讨论的危机及危机公关案例不同，需做充分的信息脱敏。

顾问方："如果用您给的这个材料做沟通，估计难以实现预期的效果。"

企业方："这个材料是基于券商材料的再加工，我们内部觉得没有问题。"

顾问方："券商做的材料我也看了，从券商投行的角度来说是很好的，但是，您现在这个材料的目的是用来做投资者关系和公共关系的沟通传播，不同目的需要匹配不同手段。"

顾问补充道："公司内部觉得没问题是因为公司内部非常熟悉行业情况和公司情况，在公司内部'给你一个眼神有些时候你都能体会'，但是资本市场从业者包括监管层、投资者不一定是科技领域的技术人士，理解起来会存在难度。"

企业方："具体如何修改呢？"

顾问方："简单来说，在这个材料里，（1）内容布局方面，把公司获得的那两个技术奖项的内容往前提，不要写在段落中间，藏得太深了。第一次交流时，我们曾聊到企业的科创属性，从技术、客户等方面都能体现，尤其对咱们公司而言，技术先进性是重点内容。（2）具体措辞方面，例如这些地方的用语有过多的专业术语缩写，可以考虑改回常见的专业术语，还有在写行业行话时，要注意需要看材料的人懂不懂这个行业行话。（3）文章立场方面，受众一看就会觉得当前的材料属于自夸体，态度不公允，会影响材料的沟通效果。"

顾问补充道："关于能否感受到文章有失公允，也和你们身处公司内部而我身处公司外部有关。有一点像我们咨询行业有时候会出现'医者不能自医'的情况，更直白一点说就是'当局者迷，旁观者清'。"

这家公司对外材料上某种程度的自说自话问题在其他企业也很常见，甚至可以说大部分企业在对外传播方面都会或曾出现过这样的状况。

企业对自说自话问题具有一定的自我纠错倾向，只是受限于企业内部人员"当局者迷，旁观者清"而未能发现，只要明确指出问题并给出具体对策，企业通常都会接受。

2. 用"最大公约数"做好公关沟通

前文介绍了自说自话问题对危机公关的干扰。对于企业家和职业经理人或危机主体决策人而言，需要解决或纠正该问题。如果公关或者传播人士使用"共同经验范围"等传播学术语来讲解如何应对自说自话问题，不如借用我们熟知的基本数学概念，更有助于解决问题。

"自说自话"里的"说"与"话"本质上是一种沟通，通过掌握如何运用最大公约数可以得到优化，另外，还可通过危机公关的内容沟通四边形模型加深记忆。本书会详细介绍相关细节并加以展开,从而方便读者了解其中的底层逻辑,这样既有助于读者真正理解危机公关技巧,也有助于未来在不同领域灵活应用。

首先,本书将解析最大公约数,再解读危机公关"最大公约数",之后介绍如何借助最大公约数做好公关沟通的内容。

(1)如何理解危机公关的"最大公约数"?

公司看法和受众认知不完全一致,如果双方各说各话便难以达成共识。

因此,处于危机中的公司,不能只说自己想说的内容,而应按照数学中求最大公约数的思维,找到公司认知和受众认知里的相同部分,且相同部分越大越有价值,再基于这个相同部分适当地进行增减。

简单来说,比如前文介绍的危机公关案例,在企业对外传播材料中,那些企业所属行业的专业术语乃至企业内约定俗成的行话,对于资本市场从业者包括监管层等受众而言比较陌生,这些受众就会难以理解,所以这些专业术语就不是"最大公约数",甚至不是"公约数"。

同理可推及全棉时代危机案例,其广告式道歉与最大公约数方法背道而驰。

公司官方写道歉信说明公司认识到自身做错了需要道歉,大众也认为公司做错了需要道歉,所以"歉意"是双方看法中的最大公约数,因此道歉信的主体应是"歉意"相关内容,比如道歉、

改正等，而不是以公司创立初衷、专利技术等公司亮点为主。

即使企业家想在此刻自夸也应克制，一旦被舆论认为是"顶风作案"就容易"罪加一等"。但企业家在关键时刻出现一些非理性行为也在情理之中，例如产生扩张的冲动。何况在出现危机的关键时刻，决策层在有压力的情况下作出非理性决策并不奇怪。与此相应，员工和顾问也要做好劝诫工作。

本书站在最大公约数的视角已对前文案例做了描述与延展，以帮助读者加深对传播中最大公约数的印象，这个部分的核心在于理解而非背诵。而且，最大公约数的主要优点是它是小学阶段的知识点，人们对其印象深刻，无须查询就能用来指导危机公关工作。

接下来，在介绍最大公约数的内容应用之前，还需要强调两点，以免出现教条主义。

第一点，读者可以根据自身需求来判断是否使用最大公约数，因为学习的关键不在于是否使用最大公约数而在于掌握危机公关，即最大公约数不是目的而是手段。比如，读者可以不使用"最大公约数"而使用"交集"等词语去形象化地与决策层进行沟通。

当然，本书之所以推荐最大公约数，是因其具有独特的优点：**最大公约数能体现出一种在危机公关公约数里逐步向最大值靠拢的动态过程。**

第二点，最大公约数的价值在于工具层面而非论据层面，如果旨在说服企业家等决策层采取正确的危机公关措施，关键论据仍然以企业战略相关内容为主。

在危机公关中培育战略思维有一些"反人性",因为陷在危机公关项目的视角中时,存在被过度的相机决策牵着鼻子走的可能性。所以,在接触危机公关时,一定要提醒自己从战略视角再思考一下。此举在危机公关项目中还能有额外收获,因为危机公关是最容易对其他领域触类旁通的工作。

例如,我在从业之初一直以危机公关和投关为主,后来在做此类项目的过程中,企业家提供了不少战略管理咨询的业务机会,得以拓展项目领域。第一个战略管理咨询项目服务于一家制造业公司,它是基于危机公关的项目逻辑对战略管理知识进行加工应用来完成项目执行的。

因此,在运用最大公约数等工具了解危机公关时,一定要督促自己触类旁通。比如本书在最初介绍危机公关时提到了危机公关的战略投资思维,这与一般的战略投资思维在深层逻辑上相通,只是在表现形式上略有区别:**通常情况下,一般的战略投资思维旨在获得增量,而危机公关的战略投资思维则多是为了避免损失。**

(2) 基于"最大公约数"做好危机公关内容

内容在危机公关中占有重要的地位,本书所说的战略对危机公关具备价值的重要路径之一,即战略作用于内容再通过内容作用于危机公关。另需言明,在此语境中,本书讨论的战略思维是危机公关范畴的战略思维,而非常规意义的战略思维。

既然内容如此重要,那么如何写好内容呢?关于这个问题,之前也有人问过我,当时几个不同领域的职业经理人在一起吃饭,其中一位讲师经纪人问道："你认为公关文案的关键技巧是什么?"当时我回答的是最大公约数的运用。

进一步而言，如何写好内容就是如何找到对最大公约数的感知。接下来会逐一解释危机公关内容四边形的素材、立场、情绪、观点四大要素，再逐一介绍在各个要素中如何得到最大公约数。

在此之前，读者尚需了解一下最大公约数的边界。

从某种意义上来说，最大公约数非常类似于经济学中的"理性人"。"理性人"是用来解释人在从事经济活动时力图选择利益最大化行为的一种思路，并且经事实证明该思路有较大应用价值，但是现实中"理性人"却很难做到完全理性。

同理，企业或个人在危机公关中追求最大公约数是一种趋近于最大公约数的行为，但很难完全达到最大公约数。

现在开始通过最大公约数学习内容层面的四大要素。

第一个关键要素：素材

若想在危机公关中做好内容，必须拥有充足且合适的素材，但在危机公关中收集素材并非易事。要解决收集素材的这一难题，需要企业或个人对危机公关素材来源建立一个框架性认知，也即全局意识。

关于素材，可以从两大来源中加以寻找：第一大来源即外部层面的素材，比如舆情监测、投资者关系活动等等；第二大来源即内部层面的素材，比如财务部的财务分析支持、法务部的法务支持等等。

本书目前主要着眼于在素材的内部层面如何实现最大公约数，其中涉及两大难点，而解决这两大难点的思路就是实现最大公约数的解决方案。

第一个难点在于收集素材时的跨部门沟通难。在此情况下，要学会如何"整合"部门间的最大公约数。

危机公关人员在收集与整理危机公关素材时，与财务部、法务部等部门的跨专业沟通存在难题，因为不同部门的人的专业知识以及思维习惯不同，所以内部沟通并不畅通。

有些时候除了内部的跨部门沟通，还会涉及外部的跨机构沟通，比如在一个关于并购危机的危机公关项目中，律师顾问、危机公关顾问等来自不同中介机构的人员一起坐在会议室里集思广益，共商对策。

再举一个具有数据化色彩的案例。某一年，在对外经济贸易大学商学院会计硕士研究生考试的群面环节，考生们先独自在 20 个关键词里选出最重要的 5 个关键词和最不重要的 5 个关键词，之后群体再选一次，在群体讨论时越能说服群体选择自己所选的最重要的 5 个关键词和最不重要的 5 个关键词的考生，其分数也就越高。

由于当时我具备的知识体系属于传播学科，而其他考生多为财务相关学科出身，我独自选出的最重要的和最不重要的关键词与大多数同学选出来的关键词近似倒置，后来在商学院读了几年之后，才体会到财务人员是如何思考的。

因此，在整理素材时想进行跨部门沟通、跨机构沟通确实不容易，那么又该如何执行这个任务呢？

首先，要与跨部门的人建立坐在一起共同商议应对危机的意识。这是较为容易且非常有价值却往往被忽略的一步。

接着，以方向性问题为引导并通过头脑风暴把危机素材"堆"出来。下面列举了在实操中可以使用的一些方向性问题。

比如分别向公司证券事务部、财务部、法务部等不同部门咨询，询问他们如何看待这个危机，还可以追问他们认为应该如何解决这个危机。

另外，在实际执行中可以根据具体情况加以调整，有时还可征求不同部门关于危机公关的具体意见，如果让他们向客户、投资者、媒体等利益相关者解释危机时会作何解释。（注意这个问题有别于前面所述的第二个问题。）

最后稍加提醒，对于这种头脑风暴会议，由高管或者具备复合背景的人员去主持能收到更好的效果，否则除了效率受影响以外还容易存在其他风险。

第二个难点在于整理素材时的跨专业内容融合难。在此情况下，要掌握如何"提炼"部门间的最大公约数。

在挖掘最大公约数的阶段已经挖到了很多矿产即内容，现在要对矿产进行冶炼加工，即从跨部门内容中提炼出最大公约数。

如果对提炼工作的步骤不加以拆分的话，由于公关人员不是信息披露、财务或者法务从业者，便难以对问题抽丝剥茧后举重若轻。因此，可以按照如下三个步骤加以推进：

首先是"翻译"工作，即公共关系部或者顾问方应与不同部门协作将不同部门贡献的材料"翻译"成通俗易懂的语言。

其次是"修剪"工作，即在这些已经成为通俗易懂的语言中挑选需要整合进材料中的部分（第二步和第一步可视情况调换顺序）。

最后是"成形"工作，这个步骤的工作已逐渐归拢到危机公关人员身上，但仍需向专业部门请教。

对这两大难点有了认知之后，在执行危机公关时就可以实现较大程度的规避，正如此前提到的在意识层面成功注意到潜意识，便能减小潜意识的干扰。但需要注意，书籍提供的是方法论而非具体答案，真正的答案需要我们在具体实践时，根据危机项目全局信息对方法论进行适配与调整。

在素材层面进行跨部门、跨专业的沟通和整理工作，非常重要但也非常难，正如企业管理中常提及的"部门墙"一样。

因此，面对危机时，在企业内部找到真正具备跨部门、跨专业整合能力的人员是克服危机的关键，如果在企业内部没有找到合适的人选，只能退而求其次，但是必须确定由哪个部门来牵头这个跨部门的协同工作。

关于这个牵头工作，多数情况下是由市场公关部或者证券事务部负责，由其他部门牵头的情况少一些但也存在。比如 2020 年端午节期间，在我处理的一个危机公关项目中，便由该公司的财务部领导牵头负责。

至于由该公司财务部领导来牵头处理危机公关的缘由，一是该财务部领导协调能力非常强，所以临危受命，二是这个危机影响到企业在债券市场的融资，而且在此次危机中财务部首当其冲。在大部分情况下，财务部冲在危机公关一线对接危机公关顾问的情况较少。

此处提出一个问题供大家思考：

假如一家企业遇到了危机，企业家是不是发挥危机公关项目负责人职能的最佳人选？

第二个关键要素：立场

对于"立场"这个词大家并不陌生，立场通常是指人们在认识和处理问题时的站位，在日常生活中这个词也经常被泛化使用。大多数人都会认为立场很重要，另外也有人持这样的观点：事实就是事实，而立场就是立场，即立场并没有改变事实，所以立场没有那么重要。

关于大家如何看待"立场"这个词，本书在此暂不探讨，而是通过一个发生在 2020 年 8 月的 TikTok 案例，方便读者形成对立场的感受。

关于背景信息，此处先呈现界面新闻在 2020 年 8 月 1 日对事件主要节点的跟踪[1]：

---

[1] 徐诗琪. 消息称字节跳动已同意剥离 TikTok 美国业务，其官方账号发布《给 TikTok 社区的一封信》．（2021 - 08 - 01）. https://baijiahao. baidu. com/s? id = 1673836282494087421&wfr = spider&for = pc.

8 月的头一天，字节跳动在美国陷入生死存亡的境地。

美国时间 7 月 31 日，特朗普表示将禁止 TikTok 在美国运营，最快在周六（即美国的 8 月 1 日）下达行政命令，他还表示："我有这个权限。"

今日晚间，路透社爆出独家消息，消息人士透露，字节跳动已同意完全剥离 TikTok 的美国业务，并提议由微软或另一公司接管。

上述事件及相关的一系列事件发生之后，部分网友批评 Tik-Tok 没骨气。

后来，张一鸣提及"因为传公司将出售 TikTok 美国业务的新闻，很多人在微博里骂公司和我"，该内容出自被媒体广泛报道的《不要在意短期损誉，耐心做好正确的事》这封信。

因为这封信的内容能帮助读者体验"立场"一词，所以有必要加以重温，但读者在阅读这封信的过程中需要思考：**哪些内容能够非常直接地体现出立场？哪些内容能够间接地体现出立场？**

在正式阅读之前还是需要强调一下，阅读这封信的目的是要了解在危机公关中如何看待立场，以方便后续了解如何在危机公关中呈现立场；既非讨论张一鸣或者张一鸣立场的是非，也非对立场这个词做泛化解读。

很久没有专门给中国同事写信了，上一次还是疫情爆发的时候。今天想就近况，专门和大家聊聊。

又到风波季

因为传公司将出售 TikTok 美国业务的新闻，很多人在微博里骂公司和我。我看到头条圈里有人说半夜被微博评论气哭，有人替我和人吵架怼到手酸，也有很多同事加油鼓励。昨天加班到天亮，睡觉前打开头条圈，看到有人发早上 5 点半的深圳来福士大楼的照片，公司的楼层灯还亮着。最近很多同事一起努力，震原、定坤和技术部门的同事经常工作到半夜进行架构升级、欧洲数据中心建设，还有很多部门的同事 24 小时待命，随时被叫起来工作。感觉不平凡的日子，像一段特别的旅程。

感谢大家

想专门谢谢中国的同事，我心里一直觉得，但第一次说。说实话，随着公司全球化的发展，不少中国同事牺牲了很多，从 2016 年开始频繁出差外派，或者在中国克服时差、语言问题工作，而且常常有许多应急工作。我总是 push 大家走出舒适区，拥抱变化，强调未来十八个月非常重要。后来，因为越来越多的岗位本地化，比如 TikTok 市场运营职能（许多来自 base 上海的 musical. ly 团队），非中国业务内容审核等职能从 2018 年底开始全面迁出中国，很多同事干得好好的被调岗。研发同事也因为数据访问政策调整使工作受影响。幸好公司成长得快，大家在新的岗位上发展得也很好。头条圈时不时也有一些抱怨，但总体上大家真的做到了格局大、ego 小。

作为中国人创立的公司，为什么我们内部经常强调我们是全球公司，大家工作中要有火星视角？因为我们的同事来自世界各地，有不同的文化背景，面对不同的舆论场。而每个人都有信息局限性，更容易从自己的角度出发，尤其在地缘政治强化和去全球化的时候经常会出现问题。不站在火星视角，在工作中容易无心冒犯不同国家的文化和价值观，或者把自己的习惯标准强加给不同文化背景的同事，这样的例子非常多。这也是我们为什么把"多元兼容"加到字节范中的一个原因。文化冲突是大多数中国公司不会遇到的问题。很多中国公司的国际业务主要是实体产品的销售，所以团队保持以中国人为主就可以做到业务高效。而我们这样一个连接不同文化的大型平台则必须由各国的团队来运营管理。我们在各个国家尊重当地文化，所以能吸引不同国家的人才加入字节跳动，经过 2～3 年的曲折，在很多国家我们都建立了很好的雇主品牌。我觉得这也是格局大、ego 小的体现。

这封信的内容里有很多关键词。

很多读者已经猜到第一个关键词是"火星视角"。该词被媒体做了广泛的报道，受众通读此信后，也会直接得出此信所展现的立场，所以本书在此不展开讨论，而是继续探寻如何去理解立场。

第二个关键词是"中国同事"。受众在了解写信人身份背景的情况下，如果从这个词上读取此信的立场时，虽然不会像通过

"火星视角"那样直接得出立场，但自字里行间接得出关于此信的立场并不困难。

这两个关键词都很难成为写信人与受众之间的最大公约数，并在某种意义上给受众带来一种冰冷感。

若将这封信的关键词与这封信的背景结合起来进行分析，需注意当时这封信是在写信人已经面临巨大的舆论压力，比如"很多人在微博里骂公司和我"的情况下成文的。

虽然关于《不要在意短期损誉，耐心做好正确的事》这封信的内容，一方主要在按公司运营思路发声，另一方主要在按舆论运行规则说话，声讨和被声讨符合各自的行为逻辑，但面对这封信时，一定要建立思辨的习惯，而不能妄言对错。

对于张一鸣而言，这封信的实际效果是否符合他的预期？对于大众而言，假如仅基于每个人的利益做选择，是否应该去批评这封信？

围绕《不要在意短期损誉，耐心做好正确的事》这封信，提出一个问题供大家思考：

张一鸣在坚持他自己认知中认为的正确的事情的同时，能否与批评他的受众在立场上实现对立态势的缓和？

下面，回到危机公关视角，并用一种更通俗的方式来研究这封信是否有足够的危机公关价值。

目标达成与否是衡量工作有效性的重要指标，也是衡量危机公关有效性的重要指标。所以，此时需要思考：在立场等要素的

作用下，这封信到底有没有"求仁得仁"？也即以这封信作为手段（信里的立场即为手段的重要组成部分）有没有实现其目的（信中的公开目的以及深层目的）？

这些问题才是写信人在危机公关中的核心关切。

对该信加以总结可知，关于写信人在危机公关中的核心关切可初步归纳为两类：第一类关切较为直观，抚平"我看到头条圈里有人说半夜被微博评论气哭，有人替我和人吵架怼到手酸"中的情感波动；第二类关切不是那么直观，但也可通过其他内容得知，比如"耐心做好正确的事"是为了实现什么目的，而这个目的就可归纳为第二类关切。

下面，还需要对写信人的核心关切做进一步的分析，即围绕是否达成目标加以展开。

之所以出现第一类较为直观的关切，是因为"被微博评论气哭"等，这些舆论使写信人想要缓和舆论的关切，但是由于这封信的"火星视角"等关键词，导致较难实现这一目的。

之所以出现第二类不那么直观的关切，是因为当时 TikTok 处境艰难，所以需要通过这封信去争取一个和缓的内外部环境，但是舆论的影响力是可以传导的，所以这封信同样也难以实现第二个目的。

因此，站在危机公关的角度，这封信中"火星视角""中国同事"等关键词所体现出来的立场导致这封信非但没有减轻舆论压力，反而增加了舆论压力。

　　甚至有可能出现一种情况，如果说之前只是"被微博评论气哭"，在发出这封信之后还存在被知乎评论以及豆瓣评论气哭的可能性。但需注意，我们在此处进行探讨的核心目的不是以这封信来评价写信人是否失败或者 TikTok 是否失败，而是要关注这封信中的危机公关行为。

　　通过对这个案例中的教训加以总结，可以找到危机公关的立场要素上的实践要点：**基于危机公关视角，立场方面的最大公约数在于不要制造沟通的对立，不要拒受众于千里之外。**

　　对于这一原则加以抽象化思考，其关键在于想清楚主体和客体之间的相互关系；如果加以具象化思考，其关键在于想清楚作为危机公关主体的"我"如何认知作为危机公关受众的"你"。

　　围绕这个事情，提出一个问题供大家思考：

　　在这个案例中，能够在一定程度上反映立场的关键词被直接写出来了，如果没有直接写出来，大家该怎么去把握立场呢？

　　在分析完立场要素之后、进入下一个要素之前，再思考一个问题：在危机公关上出现败笔是 TikTok 等大公司才会出现的问题吗？答案是不仅仅是 TikTok 等大公司会出现危机公关失误，小于这个量级的公司同样也会出现问题。

　　我之前在做一个面向包括多家中小型企业高管的约 30 人的内部分享时，把这封信的内容通过 PPT 的形式呈现给了一些高管。

　　对此，大多数高管从字面意思上认为张一鸣的信是非常有价值的，只有一位有过公共关系与 ESG（环境、社会和公司治理）

从业经历的高管对这封信提出了质疑。还有一位高管的发言有代表性,她说这封信很好,因为这封信来得及时且此时员工需要安抚。

读者可以结合本书在第一章中所说的"内部信"等知识点,对这些高管的反馈加以分析,需要注意的是:**在执行危机公关时,不能以"应该做"背景下的"做没做"来评价"方法论"背景下的"对不对"。**

除此之外,我们也可以看到公共关系的不易,因为大多数高管不从事公共关系工作,所以对公共关系的看法还处于初步认知的状态,**因此危机公关除了需要对外说服以外,如何在内部进行说服也是一个重点。**当然每个部门都有各自的难处,比如证券部的信息披露亦是如此。

第三个关键要素:情绪

情绪要素比较容易理解,本书仍然以案例作为导入。

2020 年 9 月,人民旅游(由人民日报《民生周刊》杂志社主办的旅行微刊)在腾讯企鹅号上,对狗不理包子王府井店事件的梳理如下[①]:

> 9 月 8 日,新浪微博上一位博主"谷岳"发布的一则视频引发了热议。他在大众点评上找到北京王府井/东四地区评

---

① 被评"难吃又贵",王府井狗不理包子店报警!后续来了!人民旅游(企鹅号),2020 - 09 - 13.

分最低的餐厅——评分为 2.8 的狗不理包子王府井总店，用体验的方式实拍了这家餐厅的情况。视频在 9 月 10 日被博主"北京人不知道的北京事儿"转发。

他先是截取了大众点评上网友的评价，接着实地探访这家餐厅，购买了 60 元一笼 8 个的酱肉包，以及 38 元一笼 8 个的猪肉包。

在视频中，博主"谷岳"在吃包子的时候，画面外传来剧烈的咳嗽声，"谷岳"听到后撇了撇嘴，说咳嗽声是从厨房传来的。

最后，博主"谷岳"总结说，酱肉包特别腻，没有用真材实料；而猪肉包则是皮厚馅少，面皮粘牙。"要说也没那么难吃，这种质量 20 块钱差不多，100 块钱两屉有点贵。"博主体验后还说，对于网友评价的"服务差"，他倒是感觉不强烈。

再来了解一下狗不理包子王府井店的声明：

9 月 10 日当晚，狗不理包子王府井店在网上发布声明，称该视频所有一切恶语中伤的言论均为不实信息！

王府井狗不理餐厅郑重提出：一、新浪微博账号"北京人不知道的北京事儿"发布传播虚假视频内容，侵犯了王府井狗不理餐厅的名誉权；二、在未征得王府井狗不理餐厅同意下，"谷月（岳）"工作室私自拍摄、剪辑，并向第三方提供带有不实信息内容的视频，侵犯餐厅的名誉权造成相关经济损失；三、现要求新浪微博账号"北京人不知道的北京事儿"及"谷月（岳）"工作室立即停止侵权行为，在大于现有影响的范围内消除影响，并在国内主流媒体公开道歉，王府井狗不理餐厅将依法追究相关人员和网络媒体的法律责任。

事情的结果是狗不理包子王府井店被央视点名批评，而狗不理集团也解除了与王府井店加盟方的合作关系。正如央视批评该店时所说的，这家老字号（企业）不能"一听到赞美就笑，一听到批评就跳"，对于所有遇到危机尤其是舆论危机的企业而言，均是如此。

通过该案例可以清楚地了解：情绪要素上的最大公约数的实践原则是好好说话，在处理危机公关时不能高高在上。

想必在了解立场要素、情绪要素之后，读者可以发现，真正有用的危机公关方法多来源于常识，并不复杂。但是，为什么企业在危机公关上却屡屡失策呢？此处仍以情绪要素为例。

企业在情绪要素上会明知故犯，是因为企业根本没有意识到自身在犯错，所以很多时候，正确认识危机公关就相当于危机公关已经成功了一半。破解"没有意识到自身在犯错"这一难题的方法无外乎两种：其一是内部自省；其二是外部顾问。

在提到企业内部自省时，必须强调危机公关中的竞争力本质上是时间维度的竞争力。

时间维度的竞争力不是指在危机应对中的 24 小时时间原则或者其他以小时或分钟计算的时间原则，因为在危机公关 24 小时时间原则中所强调的时间属于"冰山中浮在海面以上的部分"的显性情况。若想真正了解危机公关，必须要深挖思维层面的逻辑，即"藏在海面下的冰山"。

在对"冰山中浮在海面以上的部分"即显性情况进行分析时，需要拆分为主观和客观两个方面的因素。

主观方面，企业以及个人通常都有一定程度的思维惯性，这易导致自身即使面临危机，仍然依赖于日常的路径，所以无法迅速有效应对；客观方面，很多危机公关，尤其是与资本市场相关的企业危机公关，并非只涉及危机，而是会涉及很多平衡与权衡工作，这导致危机的持续时间往往较长。

"藏在海面下的冰山"即深层逻辑。对于危机公关顾问而言，谁能用更短的时间说服企业家，让其转变到正确的危机公关理念上，谁就能赢得危机公关的胜利，所以危机公关中的竞争力本质上是时间维度的竞争力。

之前有个股权之争的案例，其中一方花了半年时间转变了心态，获得了最终的胜利，因为对手花的时间不止半年。

提出一个问题供大家思考：

企业家或决策层接纳最大公约数原则之后，就能够正确地做危机公关了吗？

关于这一问题，此处暂不作答，而是回顾之前提过的一个问题：在企业遇到危机时企业家是否适合担任危机公关项目负责人？

读者必须明白危机公关项目负责人与危机公关最终决策人之间还是有些区别的，多数企业家不一定适合担任危机公关项目负责人，但是具体负责危机公关项目的人，必须有能力调动企业家或者获得 CEO 的支持。

还有一个问题想必读者会感到疑惑。关于情绪要素，在危机公关中面对面沟通时体现为情绪，在点对面的文字沟通时又体现为什么呢？

在企业声明及文案通稿中，情绪主要体现为行文风格。

第四个关键要素：观点

危机公关中的"观点"一词比较值得关注。人人都有观点，所以观点很常见；每个人的观点都不完全相同，所以观点也很特殊。

总体而言，类似于"世界上没有两片完全相同的树叶，世界上也没有完全不同的树叶"，前半句话给危机公关带来了挑战，后半句话则给危机公关带来了曙光。

在围绕观点这个要素寻找最大公约数时，有两个关键方法论：一个方法论与内容有关，即如何运用最大公约数的方法去写出观点；另一个方法论与思维有关，即最大公约数在危机公关上的求解新思路。

关于后一个方法论，在危机公关中寻找最大公约数，**可以直接去寻找正确的最大公约数，这是正向思维方式；也可以先**

找到错误答案中的最大公约数再加以避开，这是一种逆向思维方式，有助于在危机公关中更好地运用最大公约数来处理观点这一要素。

关于前一个方法论，即围绕内容视角的具体操作，如何写出符合最大公约数的观点要素，**危机公关实操中的关键在于不要否认普遍看法**。在后文中，本书将解释为什么使用"普遍看法"一词而不是"常识"一词。

下面继续看一下《不要在意短期损誉，耐心做好正确的事》这封信后面的内容，以加深理解。

> 我其实很理解，人们对一家由中国人创立走向全球的公司有很高的期待，但是没有很充分和准确的信息，加上民众对当前美国政府的很多行为有怨气，所以容易对我们有特别激烈的批评。只是多数人把这次事件的焦点搞错了，问题焦点根本不是 CFIUS 以 musical.ly 并购危害国家安全为由强制将 TikTok 美国业务出售给美国公司（这虽然不合理，但仍然是符合法律程序，作为企业我们必须遵守法律），但这不是对方的目的，甚至是对方不希望看到的，其真正目的是希望全面的封禁以及更多……复杂的事情在一定时期并不适合在公共环境中说。就像过去也有很多时候，对公司的批评我们并不能展开解释，大家一同经历之后对管理团队有更多的信任。对于公众的意见，我们要能接受一段时间的误解。希望

大家也不要在意短期的损誉，耐心做好正确的事。这也是格局大、ego 小。

对这段文字快速浏览，大家可以发现那些反映观点的关键词，包括"搞错了""误解"等等。

在此情况下，矛盾产生了。因为对于通过发声形成舆论的每一个个体而言，并不认为自己的观点存在问题，容易造成写信人与大众舆论在观点上的对抗。

对此，可以拆分成两个角度加以分析。

其一，在不改变信件内容的情况下，如果将这封信作为真正的内部信或许会更好，但对于 TikTok 这样体量的公司，想做到面向全体"中国同事"的同时又不外传，确实存在一定的难度。

其二，可在舆情跟踪分析的基础上，运用前文所说的正向思维方式或者逆向思维方式，在双方的观点上找到最大公约数，再基于这个最大公约数进行素材的删减，这样做有助于实现企业的危机公关目的。

要注意，本书在阐述观点这个要素的方法论时，提的是"不要否认普遍看法"，而不是"不要否认常识"。这是因为在经营管理中，为了避免犯错，我们经常提不要违背常识，即"常识"比"普遍看法"更常被提及。但对于危机背景下的关键时刻而言，常识的外延已经不能满足企业的诉求。因此，本书定义的"普遍看法"的外延是包括"常识"外延在内的更广的范围。而关于张一鸣写的这封信，并不需要分析信中常识方面的事情，而是要从危机公关技巧角度去思考。

此外，有一个现象值得关注，无论是企业本身还是个人自身，如果基本面足够扎实的话，即使遇到危机通常也能挺过去。在这种情况下，危机造成的损失往往是某一段时间内的具体损失，企业内部在危机事后可以量化具体的损失额。

比如后文案例中提到的碧桂园，该公司在 2018 年危机中实际上损失了多少亿？投入了多少进行危机公关，因此避免了多少危机损失？如果追加危机公关质量上的投入，又可以进一步避免多少危机损失？

相应地，如果企业基本面已经出现裂痕或者企业家以及公司员工觉察到企业可能会出现危机，更应及早做好准备。对于这类企业而言，一旦危机爆发，临时抱佛脚往往不可行。

关于危机公关内容层面四大要素的总结

本书之所以没有选择内涵宏大的词语，而是选择拆分成素材、立场、观点、情绪四个要素，是因为虽然使用内涵宏大的词语在描述危机公关时能降低写作难度，但是使用四个要素在呈现危机公关时更有助于读者理解和掌握危机公关。

读者已经对四个要素有了较为充分的了解，此时适合概括性地回顾一下四个要素：

素材要素的最大公约数在于克服两大难点，即收集素材时的跨部门沟通难以及整理素材时的跨专业内容融合难，前者包括确立共同商议的意识、以方向性问题为引导并通过头脑风暴"堆"素材，后者则主要包括翻译、修剪、成形三个关键词。

立场要素的最大公约数在于不要制造沟通对立，不要拒受众于千里之外。

情绪要素的最大公约数在于好好说话，人人都希望得到应有的尊重，关于这一点必须要强调破解"没有意识到自身在犯错"的难题。

观点要素的最大公约数在于不要否认普遍看法，且提出了通过正向思维与逆向思维寻求危机公关最大公约数的两种方法。

在此提醒一下，内容非常关键（也有人常将内容称为文案），自古就有"一字千金"的说法。站在当前视角，大量个体通过自媒体塑造 IP 并开辟第二职业的核心都是基于内容能力。

不过通常在做自媒体时还是有一个两难之处，即内容维度与阅读量在一定程度上会成反比。如果写作者习惯写以流量为导向的内容，在潜移默化中会不会影响到写作者自身的认知方式？

如何从媒体角度来理解与运用"最大公约数"？

读者在借助最大公约数分析内容角度之后，可以继续打开思维举一反三，借助最大公约数对媒体也即渠道角度进行理解，以加深对危机公关的认识。

例如，在以经济学为主题的舆论领域，经常有将货币增长称为"货币放水"的说法。危机公关也可借鉴这一比喻，假如内容是水的话，则可以将媒体比喻为水的渠道，所以媒体角度也可参考最大公约数的逻辑。

在做危机公关的过程中，一定要通过最大公约数的思路作出判断，有些支持是值得争取的，因为能够在彼此间找到最大公约数；有些支持是不宜去争取的，因为彼此间除了 1 以外没有其他公约数。

所以读者可以看到，"最大公约数"这一数学概念的底层逻辑，既可以用在"水"的角度即内容层面，也可以用在"水"的渠道角度即媒体层面，这便是知识串联的魅力。

在对媒体角度最大公约数加以分析之后再来了解一下如何运用。

首先，可以借鉴最大公约数的逻辑，构思与媒体沟通的内容。

其次，还需要关注如何选择媒体渠道。对此，危机公关从业者在决定是否发起邀请之前要从两个视角加以考虑。

其中一个视角，需要对拟邀请的媒体有一个大概的了解，可以通过搜索引擎了解该媒体发布的文章，分析其对于自身公司的态度是否公允，这个视角更多聚焦于最大公约数在主观层面的情况。做起来其实很简单，但经常被人忽略。

另外一个视角，如果工作做得再精细一些，则可以大体参考"六度人脉理论"的逻辑，去分析自身企业与该媒体有无建立具有积极影响的链接的可能性，这个视角则更多聚焦于最大公约数在客观层面的情况。

如果拟邀请的某家媒体对公司本就抱有偏见，尤其是在公司

计划采用一对多的批量沟通方式的情况下，公司最好不要去吃闭门羹；但如果公司计划采用一对一的深度沟通方式，或许还可以尝试争取一下，有些时候也会面临不得不争取的局面。

在了解媒体角度之后提炼危机公关的传播闭环

前文已经分别在内容角度的理解层面以及应用层面、媒体角度的理解层面以及应用层面对最大公约数进行了阐述，这些主要围绕危机公关内容以及危机公关渠道展开。

此时若再补上一个主语，来作为危机公关主体，同时再补上一个宾语，作为危机公关的目标受众，那么便是危机公关主体生产危机公关内容，再借助危机公关渠道加以沟通传播，到达危机公关的目标受众。

危机公关主体方面，与内容角度最大公约数密切相关，因为进行素材梳理、立场分析等内容的整理过程，在一定程度上就是对危机公关主体即危机企业进行分析研究的过程。

危机公关目标受众方面，与媒体角度最大公约数密切相关。一是因为受众与媒体的"距离"本来就相近，受众往往是通过媒体去接触和了解危机企业的；二是因为受众与媒体角度最大公约数的逻辑相近，如果危机企业与有些受众彼此间除了 1 以外实在没有其他公约数，而且这些受众对企业的影响又有限，在特殊情况下，危机企业可以考虑放弃争取这些人的支持。

至此已经可以看到朴素的危机公关传播链条了，分别是危机公关主体、危机公关内容、危机公关渠道、危机公关目标受众。

在传播链条这四个环节的基础上加一个反馈环节，便构成了基本的危机公关传播闭环。

在了解完这些内容后，读者可以回到理论层面进行溯源，从而实现更好的记忆。关于传播构成要素，拉斯韦尔曾提出"5W"传播模式（传播主体、传播内容、传播媒介、传播对象及传播效果）。

至此，本书对于在危机公关这一关键时刻，该如何去把握对传播沟通的管理，描述了一套从最大公约数角度切入的方法论。通过这一部分的内容，大家可以发现了解和学习危机公关并不难。

3. 沿着"最大公约数"建立共识方案

刚刚介绍的用最大公约数去了解如何做好危机公关，本质上是一种方法论，而这一方法论的背后是在不同主体间找到共识的能力。

这意味着如果从更深层次去思考危机公关，那么，在危机公关中求解最大公约数便类似于在不同主体间寻找共识。但是，如何培育找到共识的能力，或者说有没有寻找共识的技巧呢？

现在进入解决思路的具体应用环节。

具体来看，解决思路的主要逻辑与主要依据都在于"共识"这个关键词。寻找共识虽然看起来复杂，其实与获得最大公约数一样，只要捅破一层窗户纸，就会发现其中的逻辑很简单。

找到共识的核心，在于按照"多赢局面"执行策略去分析危

机公关。

对于公共关系人员或者涉及公共关系领域的品牌部门领导以及上市公司董事会秘书而言，让包括自身企业在内的多方实现共赢，比起自身企业单方面的赢更有成就感，而且企业想单方面的赢，既不是一件有益的事也不是一件容易的事。

接下来，本书通过一个危机公关案例来进一步展开"共识"的运用方案。为了方便读者阅读，本书在描述案例时并非从金融视角讨论并购而以呈现危机公关的核心逻辑为出发点，另外在描述过程中仍将遵守信息脱敏处理的要求。

并购前的状态：

A公司（某上市公司）、A公司大股东、B公司（将多家大型集团公司组成的共同体视作B公司）、C公司（某非上市公司），B公司持有C公司100％的股权。

并购交易：

A公司向B公司购买其所持有的C公司100％的股权，以A公司自身股份作为支付对价。可以简单理解为：A公司和C公司整合成了一个更大的A公司，那么在这个将C公司作为子公司的更大的A公司的股东中，既有A公司大股东，也有C公司原来的股东即B公司。

并购后的状态：

股权层面，A公司持有C公司100％的股权，A公司大股东仍然维持大股东地位，B 公司也占有 A 公司的大量股份，且接近 A 公司大股东的持股比例；业务层面，A 公司原有业务持续稳健经营，同时因 100％持有 C 公司股权新增业务条线。

对赌协议：

并购交易发生后，C 公司在三年内需要实现并购协议上约定的经营指标，如果未能达到约定指标，B 公司需要赔偿 A 公司。

三年后的争端：

虽然并购协议上约定的经营指标是确定无疑的，但是围绕 C 公司的实际经营情况却出现了争议。

A 公司认为 C 公司在经营上未达标，所以需要赔偿，B 公司坚持认为 C 公司在经营上已经达标，所以无须赔偿；A 公司表示根据《审计报告》及《审核报告》可知 C 公司未达标，B 公司主张审计师出具的审核报告违反了职业准则，同时声称经营好 C 公司符合 A 公司的前景。

此外还需注意，C 公司的管理层在此情况下会支持 B 公司的声音，而且 C 公司的经营主要依靠 B 公司的关联交易，B 公司实际控制着 C 公司。

股东大会上的争夺：

股东大会是公司的最高权力机构，所以股东大会是双方多次对垒中的一场关键战役。包括在股东大会上审议的 A 公

司年度报告中（与《审计报告》和《审核报告》一致），认定
C公司亏损并带来大额商誉减值。站在B公司的角度，并不
希望A公司的股东大会顺利进行，若年报等事项未能通过，
A公司的工作节奏将会受到极大影响。

现实远比案例要精彩，但如果想继续探讨该案例中的过招与
得失，需要普及大量的金融知识。例如，重大资产重组中的业绩
承诺实现情况、股份或现金补偿情况，并不仅仅在须经股东大会
审议的单一议案中体现。

因此，本书在介绍了案例的基本逻辑与主要过程之后，不再
对议案的逻辑完整性进行逐一分析，而是回到危机公关视角。

**如果A公司希望促成"共识"这一目标，需要在危机公关中
找到最符合多赢局面策略的关键站位点。**

很显然，在该危机公关案例中，关于C公司经营的好坏，会
首先被利益相关者关注，因为这是A公司和B公司的核心争议
点。但是，A公司和B公司对C公司经营的好坏必然各执一词。

**由此可见，核心争议点是各方关切，但一般不是多赢局面策
略的关键站位点，多赢局面策略的关键站位点，通常由于显而易
见常被忽略，却可以用来帮助赢得核心争议点。**

在本案例中，关键站位点是指，A公司中除了C公司以外的
其他业务都经营得很好，这有助于A公司在股东大会争议中赢得
更多利益相关者的支持，并增加A公司提出主张的正当性，同时

B公司又得承认这一关键站位点。

所以对于A公司一方，包括A公司大股东及A公司管理层在内，在股东大会之前进行宣传与沟通时，应在包含这一关键站位点的情况下再与包括核心争议点的要点进行组合，并用要点组合去推进公共关系以及投资者关系工作。

接着围绕执行工作继续延展一下，如果想将上面所说的多赢局面策略的关键站位点加以落地，把理论与实践结合起来，那么具体该怎么处理呢？又该如何进一步实现效果最大化呢？

其实，很多关键站位点都是借助内容去发挥作用的，比如，高管面对面的口头交流、公共关系稿件、投资者交流材料。做好相关工作，都有助于获得支持。因此，科学地将关键站位点转化为内容是具体执行工作的重中之重。

具体来看，在运用上述多赢局面策略的关键站位点时，可将其整理为公共关系文案。这些工作成果具有更广泛的价值，既可以作为其他沟通形式，比如面对面沟通的参考材料，也可以通过舆论渠道为其他沟通形式营造更友好的外部环境，从而实现对效果最大化的充分挖掘。

从微观角度看，假如将一家企业的不同职能通过虚拟化转化为不同的部门主体，那么前述价值便是公共关系部门相对于其他部门而言的正外部性。做好全局性危机公关工作，对于企业而言具有重大价值，有助于企业达成目标。

以下内容接前文案例：

B公司持有较高的 A 公司股权比例（B 公司在股东大会上对年报无须回避表决，所以举足轻重），A 公司在面对这一不利局面的情况下，仍如期取得了预期效果，年报等相关议案获得通过。

股东大会后，B 公司的相关通稿认为，A 公司年报及相关议案属于"涉险通过"。

总体而言，A 公司在股东大会上达成了自身的战略目标。这时不得不提一句，在危机公关中，既得到"面子"也得到"里子"肯定最好，但是若在"面子"和"里子"之间不得不二选一的情况下，优先争取"里子"。

在本案例中，B 公司实际上是由多家大型集团公司组成的共同体，面对 A 公司时具有绝对优势。简单来说，B 公司是多家媒体的长期广告大客户，那么这几家媒体帮助 A 公司发声的概率相对较小。因此，在绝对实力的碾压面前，A 公司必须掌握技巧并抓住关键，舍弃一部分目标以实现核心目标。

随着 A 公司股东大会的结束，危机公关顾问工作正式结项。

关于这个危机公关项目，如果公共关系顾问对金融知识以及战略管理知识不够了解，做起来会比较吃力。但是辩证来看，如果在公共关系的打法中融入金融知识以及战略管理知识，就会导致公共关系项目的技术难度提高，技术难度提高也就意味着对智力的依赖性提高，进而导致这类公共关系打法不容易被批量化和标准化。

因此，上述公共关系打法对于客户而言是一种有价值的服务产品，对于公关顾问公司自身而言不是一种好的商业模式。公关顾问如何作出产品设计，也有求仁得仁之感。

至于 A 公司和 B 公司以及 C 公司的后续进展，多方又继续胶着了半年左右，最终达成了和解。所以即使是小公司（虽然 A 公司是一家大型上市公司，但相对于 B 公司而言其实是小公司），也需要据理力争以维护自身权益。

"多赢局面"策略的关键要点具备什么工具属性？

前面已经通过案例展示了多赢局面策略的要点，此时可以继续延展一下，参考卡诺模型（对用户进行需求分类和优先排序的工具）思考一下危机公关策略。

卡诺模型中对于产品需求进行了基本型质量、期望型质量、兴奋型质量等的划分，本书所说的"共识"以及"多赢局面"，大多可以对应卡诺模型中的基本型质量。

正如前文所说的"A 公司中除了 C 公司以外的其他业务都经营得很好"这一要点，不一定是杀手锏，但一定是必备武器。所以，危机公关所需要做的事情是把必备武器和杀手锏都配齐，且把每一项工作都做好。从危机公关视角来看，每一个项目都是一个系统性工程。

比如某家在资金链层面受到舆论危机带来的影响的企业，在 5 月至 7 月这段没有请危机公关顾问的时间里，采取了很多措施且其中大部分均具有较高的正确性，但是因为一直差了一环——没有做好正确的正面发声，即没有使用正确有效的正面声音去对冲负面声音，所以导致企业危机一直拖着。那么，危机公关顾问在 7 月介入时的核心，便是要围绕企业财务负责人先前所做的努力，在信息对称上做到专业层面与通识层面的无缝衔接，再补上企业危机公关工作中缺失的环节。

这家企业过了近两个月才寻找危机公关顾问，如果危机公关顾问换位思考，便能够理解企业方这一行为的心态与苦衷。

对于企业危机，企业方高层难免会觉得多一个人知道总是不如少一个人知道要好（对广义上的受众）、他人了解的程度深总是不如了解的程度浅要好（对狭义上的知情人士，包括危机公关顾问），所以企业方尤其是高层身边，还是需要有一两个真正懂危机公关的人。

沿着"共识"方向去总结多赢局面策略的深层逻辑

如果希望更透彻地理解这一策略，则需要深挖案例背后的逻辑，对方法论的本质加以思考。

多赢局面策略的本质，在于照顾不同利益相关者的核心关切。关于利益相关者，在本书的后续章节中会安排一章专门加以介绍。

从实践层面来看，照顾不同利益相关者核心关切的最佳做法是照顾不同利益相关者核心关切中的重叠部分或者说相同部分，而照顾这些重叠部分或者相同部分便是不同利益相关者的共识。

这便落脚到了前文一再强调的"共识"这一关键词上，也和前文所说的危机公关最大公约数高度一致。

现在本书已经对"共识"方向的多赢局面策略进行了全面的阐述，读者可以闭上眼回忆一下这些内容，再用自己的语言去整理其中的逻辑，而不必拘泥于本书所写的框架，这样更有助于大家理解该方法。

回忆完之后，可以继续分析多赢局面策略的变体。

比如在 A 公司和 B 公司的对垒案例中，本书说到最符合多赢局面策略的关键站位点不是"关于 C 公司经营的好坏"，而是"A公司中除了 C 公司以外的其他业务都经营得很好"。但是，如果我们希望"关于 C 公司经营的好坏"也是最符合多赢局面策略的要点之一，又该如何处理呢？

这就需要调整视角进行逆向思考。

如果"关于 C 公司经营的好坏"是指 C 公司经营未达标，对于 A 公司及支持 A 公司的人及公司而言，其实可以称得上是最符合多赢局面策略的关键站位点之一；如果"关于 C 公司经营的好坏"是指 C 公司经营已达标，对于 B 公司及支持 B 公司的人及公司而言亦是同理。

通过这个简单的分析可以总结一些规律：**多赢局面策略覆盖的内容越"宽"，多赢局面策略覆盖的群体就越"窄"。**

与此相应，在该案例中，如果想要将"关于 C 公司经营的好坏"也视作最符合多赢局面策略的要点之一，就只能选择 A 公司立场所面向的群体或者 B 公司立场所面向的群体，与"A 公司中除了 C 公司以外的其他业务都经营得很好"可面向的群体相比，在规模上便减小了很多。

如何看待危机公关工作本身？

危机公关顾问的首要目的是帮助企业解决问题，这是危机公关职业的根本出发点。虽说危机公关服务和律师的常年法务服务的工作内容不同，但是在服务模式上具有一定的相似性。

比如之前有一家能源设备公司遇到了很多麻烦，但又构不成危机，这个公司的企业家自己创建了一种新模式，邀请我参考律师的常年法务模式提供常年战略顾问服务，从危机的视角倒推企业的日常动态战略建议。

企业家是一群非常善于创新的人，有些企业家擅长在"点"上创新，而有些企业家擅长在"面"上创新，当然也就有了不同企业的不同际遇。

无论是危机公关的模式创新或是服务周期的变化，最终都会回到根本出发点上，进一步来说，"帮助企业解决问题"是战略管理和危机公关顾问工作的最大公约数。

在介绍了危机公关顾问的首要目的之后，再来了解一下危机公关顾问需要养成的习惯。

无论在咨询机构中是作为一线业务人员，还是作为职能部门人员，都需要培养正确的危机公关工作习惯，其中最核心的一个习惯是从大处着眼和从小处着手。那么，公共关系尤其是危机公关中，什么是从大处着眼，什么是从小处着手？

具体而言，从大处着眼主要体现在，理解那些包括但不限于企业在内的、陷于危机中的主体的战略，并且要学会将战略理解与危机公关思路结合起来去和决策层进行沟通；从小处着手的核心则在于内容比如文案等，并且要学会将内容批量复制成不同的表现形式，并批量复制到不同的应用场景之中。

关于危机公关顾问发挥主观能动性，在此前介绍"危机公关中的竞争力本质上是时间维度的竞争力"的观点时已经呈现：**对于危机公关顾问而言，谁能用更短的时间说服企业家，让其转变到正确的危机公关理念上，谁就能赢得危机公关的胜利。**

现在，对第二章加以总结。

本章提出了无须计算的最大公约数逻辑，方便大家理解危机公关。从某种程度上讲，最大公约数是危机公关实操的核心，同时对于传播与沟通也具有极其重要的意义。希望读者在通过最大公约数去理解危机公关的同时，也能将其中的逻辑运用到自己所属的专业领域中去，从而实现不同领域知识的串联，丰富认知体系。

具体而言，本章的知识点主要包括：先是通过案例引出企业普遍存在的自说自话痛点，接着导入危机公关中的最大公约数，并分拆为内容与媒体两大体系。

关于危机公关内容视角的具体运用，本书描述了素材、立场、情绪、观点四个要素组成的四边形，并描述了具体的运用方法，让读者能够切实感受应该如何做危机公关。另外还谈到了媒体视角,指出危机公关不是要赢得每一个人的支持。在此之后,又对传播领域的关键传播要素做了简单介绍。

在本章的后半部分,着重探讨了最大公约数的本质是寻找共识,以及构建多赢局面策略并介绍了该策略的关键站位点。另外,还对危机公关这一职业进行了探讨,着重强调了从大处着眼和从小处着手的工作习惯。

在阅读本章的过程中,读者需要结合前一章的一些重要知识点加以思考,包括危机公关以及危机公关所属的公共关系均需要回到联动视角的全局意识框架之中,危机公关中的竞争力本质上是时间维度的竞争力,危机公关如何发挥主观能动性,等等。

通过对这些内容的分析,即使将来面临危机,也能够把握好危机公关的方向,做到从容思考。希望读者在阅读了本书所写的方法论之后,不要拘泥于本书所搭建的框架,而是不断推陈出新,我也在不停地总结和更新自身的方法论,与诸君共勉。

| 第三章 |

画 "平面坐标系" 找危机战略定位

从某种程度上来说，危机公关最不缺的是热闹，很多不当的危机公关反而进一步加剧了危机，因此，在避免画蛇添足的情况下做到精准出击是关键所在。而如果想实现危机公关中的精准突击，对危机进行准确的洞察是关键。比如，危机可以分为哪些类别？又该如何选择合适的危机公关方法？关于这些问题，我们可以借助平面坐标系来解决。

平面坐标系又称为平面直角坐标系或者二维坐标系，在危机公关中不需要围绕平面坐标系进行数学求解，而是借助平面坐标系的横轴与纵轴帮助大家拨开危机公关的迷雾。

接下来，本书先通过案例介绍危机中的企业为何经常觉得自己受了委屈，接着借助平面坐标系分别以企业外部视角与企业内部视角对企业危机进行分类并探讨相应的对策，最后对藏在平面坐标系背后的洞察能力予以分析。

1. 为什么企业会觉得受了委屈？

面对危机时，企业的反应各不相同。

有些企业觉得愤怒，比如后文会介绍在 2020 年狗不理包子王府井店事件中，该店发出了一份强势声明；也有些企业觉得委屈，例如，2018 年碧桂园接连发生工程事故并陷入舆论漩涡，在 8 月 3 日的媒体沟通会上，碧桂园董事局主席杨国强作答中关于"我真的是天底下最笨的人了"的表述引发网络热议。

不当的危机公关反应往往会给危机中的企业带来二次伤害。

针对企业的各类反应，本书选择"为什么有些危机中的企业觉得自己受了委屈"这一主题，作为代表性反应来加以剖析。企业必须了解自己为什么会感到受了委屈，才能避免自己受委屈。

接下来，通过 2011 年的达芬奇家居案例加以分析。这一经典案例比当前的案例更有助于读者理解危机公关，所以本书重新挖掘该案例的逻辑线索，并对关键环节加以梳理。

当前的很多企业仍在重蹈覆辙，虽然失误的形式可能不太一样，但出错的逻辑是一致的，值得引以为鉴。另外，该案例企业存在的失误之处因为该企业负责人的情绪而被进一步放大，从而会有更多细节层面的启发。

关于这个案例，本书筛选了从起因到结束的四个主要节点，以方便读者了解该危机案例的主要脉络。

首先呈现一下《新京报》对事情的报道[①]：

> 今年（2011 年）7 月 10 日央视《每周质量报告》报道，

---

① 廖爱玲. 上海罚达芬奇家居 133 万元. （2011 - 12 - 24）. https://www.bjnews.com.cn/detail/155144296314367.html.

达芬奇公司销售的"卡布丽缇"等家具并不像宣称的那样是100%意大利生产，一部分由国内东莞厂家贴牌生产。

其次了解一下中新网 2011 年 7 月 13 日的报道[①]：

此次说明会上没有安排任何采访环节，亦未对此前央视曝光的内容进行回应。潘庄秀华痛哭讲述完毕后，一行人随即匆匆离场。

接着关注一下财新网对后续的跟踪[②]：

2012 年 1 月 2 日下午，达芬奇家居在其官方微博发表公司总经理潘庄秀华的声明，回应昨晚中央电视台记者李文学通过中国网络电视台作出的"严正申明"，表示其向媒体投诉李文学的材料均有证据佐证，并已向司法机关举报李文学。

最后看一下《北京商报》的描述[③]：

2 月 10 日，国家新闻出版总署通报中央电视台《达芬奇"密码"》报道调查情况，认为报道内容基本属实，部分产品确实不合格，而李文学是央视非持证记者，并未收钱。达芬奇随后悄悄交了上海工商的罚款，此事终于告一段落，但达

① 李建宗. 达芬奇召开情况说明会 承认与国内家具厂有合作. (2011 - 07 - 13). https://www.chinanews.com.cn/estate/2011/07 - 13/3179965.shtml.

② 靳晴. 达芬奇对李文学声明提出六大质疑. (2012 - 01 - 02). https://companies.caixin.com/2012 - 01 - 02/100345195.html.

③ 王格. 达芬奇：危机公关难洗造假墨迹. (2015 - 12 - 04). https://www.bbtnews.com.cn/2015/1204/130912.shtml.

芬奇已经从人们的视线中渐渐淡出，永远洗不掉"造假"的印痕。

通过这四个节点的呈现，该危机事件的来龙去脉已经呼之欲出。另外，在阅读该案例时可以留意"潘庄秀华痛哭讲述完毕后，一行人随即匆匆离场"这个细节，后续还会提及这个信息。

案例分析的核心在于探讨和研究解决方法而不是批判案例中的企业，例如，应该选择何种视角去分析达芬奇家居案例。

本书建议的着眼点是，暂不探讨案例中企业"事实"层面的状况，而是去分析案例中企业"想法"层面的事情，因为企业的危机公关行动都是受"想法"支配的。具体而言，就是暂不讨论当时达芬奇家居是否造假，而是关注达芬奇家居如何看待自身被认为造假一事。

现在再补充了解中新网 2011 年 7 月 13 日描述的发布会现场情况，从中挖掘一些信息。

　　……发布会现场一位消费者情绪激动，大声控诉其在达芬奇购买了价值上千万元的家具，现在达芬奇与央视说法不一，需要达芬奇给他明确的说法。

　　发布会因此一度中断，之后潘庄秀华声泪俱下讲述自己的创业史。她承认，自己此前和包括东莞长丰在内的国内家具厂商的确有过合作，但产品系列不同，是其在内地创立的品牌，与意大利品牌无关，系媒体误会。

达芬奇家居总经理在遭遇消费者控诉、发布会因此一度中断之后，声泪俱下的原因可能有两种：第一种是她发自内心地认为自己受了委屈，第二种是她觉得自己要表现出受了委屈的样子。再将此处的内容与前文提到的"潘庄秀华痛哭讲述完毕后，一行人随即匆匆离场"的细节加以结合可知：达芬奇家居在发布会上的章法已乱，而且无论企业方在"事实"层面上有没有被误会，但在发布会现场，达芬奇家居总经理在"想法"层面上大概觉得自己受了委屈。

刚刚已经分析了达芬奇家居总经理"想法"层面的状态。为了方便读者更清楚地了解案例，现在将之前搁置不议的"事实"层面的情况加以呈现，与"想法"层面的分析进行对比。

根据国家新闻出版总署成立的联合调查组的核查可知，"报道内容基本属实，达芬奇公司销售的部分家具存在质量不合格等问题"。

读者在看了这个调查结果之后，可以将此处"事实"层面的结论与之前"想法"层面的情况做对比。因此，我们可以说有些企业是受了委屈，而有些企业只是觉得受了委屈，虽然都以受委屈的状态呈现出来。

但是，不要站在道德制高点谴责达芬奇家居的危机公关行为，另外本书主要聚焦于危机公关主题，暂不讨论达芬奇家居除了危机公关行为以外的商业行为的对错。毕竟很多企业都在危机公关方面栽了跟头，即便是世界500强企业也不例外。

下面介绍英国石油公司的案例。2010 年美国墨西哥湾原油泄漏事件备受关注,英国石油公司陷入舆论漩涡,其中有一个较为直观的核心细节,可以反映出企业需要早些想通"为什么有些危机中的企业觉得自己受了委屈"这个问题,以免在危机来临时手忙脚乱。

《纽约时报》曾援引时任英国石油公司 CEO 海沃德的一次内部发言,这位 CEO 说的内容引起了很多人的质疑,其中有一句话非常值得关注,"我们到底做错了什么,要遭受这样的'指责'"。

这句话里所透露出的海沃德的心态值得思考。首先让人联想到海沃德觉得自己受了委屈,进而联想到前文所说的"为什么有些危机中的企业觉得自己受了委屈"这一问题。

深入探讨这个问题,有助于读者更好地掌握危机公关方法。危机中的企业,只有客观地认清现实,才有助于改变危机处境。

首先,关注委屈的起因。

委屈通常是指因受到不应有的指责或待遇而感到难过,由此可知,这些"指责或待遇"是他人施加的。

对于危机公关而言,这里的"他人"通常可视为受众,"指责或待遇"可以理解为是由受众施加的。这时候可以细化分析,"指责或待遇"具有主观能动色彩,但这是受众的主观能动性,对于企业而言就成为需要面对的客观规律性。

其次,了解委屈的分类。

为了方便读者了解,本书将"危机中的企业觉得自己受了委屈"分为两种形态加以讨论。第一种，企业被受众误会，即危机中的企业不应该被批评，所以企业觉得自己受了委屈；第二种，企业没有被受众误会，即危机中的企业本就应该被批评，但也有企业会觉得自己受了委屈。

最后，看下委屈的时点。

因为大多数企业对危机的预防工作往往浮于表面，所以企业开始觉得自己受了委屈之时，一般也是企业正式启动危机工作之时。对于时点的理解非常重要，这是一个对于限制性条件的思考契机，也让我们知道危机公关需要戴着镣铐跳舞。对此，读者可以细想其中关于委屈的"木已成舟"的感觉。

之所以在此处谈及这三点，是因为很多时候危机中的企业在一些错误上存在共性：

危机中的企业会存在知道事实但不愿认清事实或者想否认事实的潜意识，这些潜意识对于企业开展危机公关工作非常不利。如果处于危机中的企业在意识层面能够注意到这些潜意识，便能减小这些潜意识对危机公关工作的干扰。

介绍完委屈的起因、分类与时点之后，本书做如下总结：

从企业感到委屈的时刻起，受众的指责或企业受到的待遇就已经成为一种需要企业去争取达成和解的客观事实。无论是那些本应该受批评的企业，还是那些不应该被批评却处于危机中的企业，均很难在不付出努力或者代价的情况下躲过危机。

即使受众的批评是错误的，由于受众尤其是规模较大的受众群体通常较难意识到自身的错误，所以企业必须要通过积极的工作去争取和解。另外，如果有声音认为受众群体的批评是错误的，那么受众就应该意识到自身的错误。

关于这个观点，我们要进行两方面的分析：

首先，在认为这个声音有道理的同时，也必须强调危机企业需要思考一个问题：面对受众群体的错误批评，是危机企业更着急还是受众群体更着急？

如果要让受众自行更新对危机企业的认知而不加以引导，危机持续时间往往较长，对于企业而言，就有可能错失发展机遇或者遭遇其他不可逆的损失。

因此，对于陷于危机中的企业而言，并非要在危机公关中与受众争论出个输赢，而是要通过危机公关渡过危机。

其次，受众在对危机企业作出个人判断"贴"上标签之后，并不一定会继续盯着这家危机企业的进展情况，但这并非意味着危机已经过去。

更为严重的是，受众一旦对危机企业形成感知，对企业的态度虽然可以像湖水一样平静下来，但是之前的负面感知仍会存储在记忆里，未来一旦遇到关于该企业的相关事项，比如受众群体、组织或个体需要采购或消费该企业的产品或服务，这些沉淀下来的记忆便会被勾起，从而影响消费或者采购决策。

这意味着如果受众对某家企业形成错误感知及负面记忆，便会对这家企业造成巨大影响，但是受限于每个人时间有限的客观条件，受众即使误会了某家企业也无法实时更新对这家企业的感知。

因此，如果企业还记得自己的战略目标，就不该也不能等着受众自己去悟，而应该主动接过这个争取与受众和解的任务。这里的"主动"一词，是指企业需要彻底想清楚"求仁得仁"的逻辑，从潜意识里"揪出"企业自身不愿认清事实或者否认事实的潜意识，再在外部力量的帮助下一起渡过危机。

当然，危机公关顾问有责任去陪伴企业渡过挖掘潜意识的难关，但是要注意，危机公关顾问无法靠自身努力单独去改写危机企业的命运，核心还是在于讲清楚其中的利弊，让企业的领导班子自己想通。

这种局面看起来像老师讲课时的苦口婆心，但是代替不了学生参加考试，所以核心在于让学生发自内心地想明白，只有克服潜意识里的学习惰性，学习才能进步。

进一步思考可知，对于危机公关顾问而言，除了要帮助企业对外进行危机公关的传播与沟通之外，还应与企业进行战略层面与金融层面的深入对话，通常只有这些层面的对话才能真正触及企业决策层的内心深处。

这便是本书详细分析"危机中的企业觉得自己受了委屈"这一问题的原因，只有企业了解该问题的来龙去脉并发自内心地接纳受众的不完美，才有可能对抗潜意识里不愿认清事实或者否认事实的惰性思维，从而实现转危为机。

想明白了"危机中的企业觉得自己受了委屈"这个问题，企业就会产生解决危机的动力，削弱潜意识里的阻力。

后文中，本书将把话题深入推进，即进入方法论层面。企业如果不想让自己受委屈，又该如何准确定位危机并选择合适的措施？

2. 用"平面坐标系"准确定位危机

如果企业不想遭受委屈，就像在森林中徒步一样，找到方向是关键所在。但是，在危机公关中寻找方向并非易事，所以需要借助合适的工具将复杂问题简单化，而这需要读者掌握拆解危机公关的方法。

关于这一点，本书主要通过直观数学模型与常规经济模型来拆解危机公关，换言之，即将危机公关分解至简洁的数学与经济学层面。

这一方式有助于读者更好更快地吸收危机公关知识，因为以该形式呈现的危机公关"新知"更能与既有的"旧知"形成知识串联，同时也能带来很多意外收获。另外，在练习危机公关的过程中，对复杂任务进行步骤分解的能力也可得到强化，这作为一种重要的工作技能，在其他很多工作领域也可以发挥巨大作用。

关于如何分析危机公关的方向，本书推荐将平面坐标系作为工具。接下来，分别从企业外部视角与企业内部视角解读平面坐标系，读者理解掌握之后便会知道该如何驾驭这一工具。

企业外部视角

企业外部视角的平面坐标系主要用于帮助企业梳理媒体记者对待企业的态度。在此过程中需注意举一反三,例如媒体对待企业的态度与受众等利益相关者对待企业的态度有相通之处,又如危机中企业所雕琢出来的媒体沟通材料同样有助于投资者交流、企业高层沟通。

在本书描述平面坐标系的时候,读者可以在大脑里构建一个平面坐标系或者拿出纸笔来画一下坐标系图。

平面坐标系的主题围绕危机公关展开,所以把纵坐标向下的方向记作危机,把纵坐标向上的方向记作健康;把横坐标向左的方向记作负面新闻,把横坐标向右的方向记作正面新闻。这样便得出了一个以"危机""健康""负面""正面"为四个方向的拥有四个象限的平面坐标系。其中,第一象限是健康企业的正面新闻,第二象限是健康企业的负面新闻,第三象限是危机企业的负面新闻,第四象限是危机企业的正面新闻(见图 3-1)。

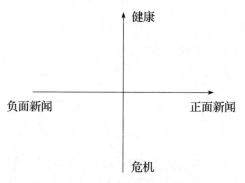

图 3-1 危机公关平面坐标系

本书将这个平面坐标系称为"关于危机的媒体偏好模型"或者"危机公关环境象限",在危机公关中工具的命名并不重要,关键在于有助于读者理解和掌握。

在这个模型的名称中,"偏好"二字值得注意,读者需要了解该词与新闻客观性是矛盾的,"偏好"更多体现的是潜移默化中更愿意去选择什么内容,而客观性更多体现的是对内容的报道手法及职业观念。

"关于危机的媒体偏好模型"在一定程度上从企业方视角总结了媒体对危机企业的态度并提出了相应的解决思路。另外,媒体对待企业的态度与受众等利益相关者对待企业的态度有相通之处,也就意味着该模型同样也能为企业在面向其他利益相关者时所使用,比如将"正面新闻"改为"正面内容"等。

接下来,本书将按照二、三、四、一象限的顺序分别介绍"关于危机的媒体偏好模型"每个象限的具体情况,并针对每个象限总结关键解决思路。

第二象限,健康企业的负面新闻

这个象限往往扮演着危机导火索的角色,比如本书在后面的利益相关者一章中提及的某家企业因某篇自媒体文章导致融资受阻进而导致资金链吃紧的案例,便属于此象限。

如果站在媒体角度尤其是记者视角去关注企业的负面新闻,在有望带来较大流量的同时还会带来一些职业成就感,追逐这种成就感在可能误伤部分企业的同时对整体社会而言却具有正外部性。但是，挖掘健康企业的负面新闻存在一定的难度并且会面临被健康企业反击的压力。

综合下来，第二象限通常属于记者愿意动笔但又存在一些阻力的象限。所以，在四个象限中，第二象限的内容量并非最大，但对企业而言却非常危险。因为一旦企业没处理好这个象限的内容，就容易导致企业从第二象限转化到第三象限，在此过程中还会产生"破窗效应"等。当然也有例外，比如有了导火索但没燃起来的情况。

2020年年中，某家上市公司董事会秘书分享了一篇某财经自媒体写的企业负面文章给我。

经过研究讨论，大家一致判断这篇自媒体文章在批评这家企业在资本市场的表现时，抓错了关注点，于是决定不与这家自媒体进行沟通而是由企业保持跟踪。

最后事实证明，虽然这篇自媒体文章的阅读量很大，但该企业在资本市场没有受到影响。

在现实世界中，既有阅读量才几千就影响到企业资金链的文章，也有阅读量好几万却几乎没有产生影响力的文章，因此，在危机公关中作出准确判断很重要。

关于该案例中的负面内容，作出的不处理判断就是最佳处理，在关键时刻"选择大于努力"。如果当时该公司董事会秘书主动去与负面文章的作者沟通，反而会引来不必要的麻烦，甚至是大麻烦。关于如何对负面内容的影响力作出判断，在后面介绍企业内部视角的平面坐标系时会提供相关思路。

另外需要提及，与媒体人以及传媒行业从业者打交道其实比较容易，因为这个行业中的大多数人的心态都比较开放，在打交道的过程中虽然需注意分寸，但不能为了注意分寸而过于生硬。

之所以对此特别提及，是因为之前见过一些情况，媒体在善意与上市公司接触时，上市公司的部分员工过于谨慎而出现"应激"反应，从而把媒体的善意推向了对立面。

关于第二象限，企业在正式系统性启动危机公关行动之前要做到"两要"与"两不"：需要密切关注舆论情况、需要自查是否存在问题，不要杯弓蛇影、不要幻想清者自清。

另外再补充一些理论层面的探讨。

之前传播学者麦克卢汉有个非常有意思的论断"媒介即人的延伸"，有一种理解方式是把其中的"人"放在传播者的位置，在危机公关中也就意味着"媒介即危机公关企业的延伸"。

假如将"媒介即人的延伸"中的"人"放在受传者的位置，在一定程度上也就意味着"媒介即人的延伸"是"媒介即危机公关目标受众的延伸"。因此，读者根据这个"延伸"的线索去顺藤摸瓜，理解媒介的同时就是在理解受众。

因此，在做危机公关企业外部视角的媒体分析时，要对受众加以联想，而不能仅仅关注媒体。

第三象限，危机企业的负面新闻

第三象限往往最能挑动危机企业的神经，有点像一个人已经感到神经衰弱却还被不断地刺激，此种情境下企业的心态可想而知。但媒体通常对这个象限的内容比较关注，读者也会经常看到属于第三象限的各类报道。

一方面，第三象限与第二象限相似，在有望带来较大流量的同时还会带来一些职业成就感，做第三象限的新闻能够像第二象限那样带来较大的流量，追逐这种成就感在可能误伤部分企业的同时对整体社会而言却具有正外部性。

另一方面，正如"墙倒众人推"，形势会发生变化，从而降低媒体挖掘危机企业负面新闻的难度，另外因为舆论多数都在批评危机企业，所以危机企业反击的能力也会降低。

总体而言，第三象限属于记者比较愿意动笔且阻力也相对较小的象限。所以，第三象限的内容量会多于第二象限，并且会对企业造成巨大杀伤力。

这时候，企业会遇到一些声音宣称可以帮助企业实现零负面，这就像"姜太公钓鱼，愿者上钩"，不少企业选择相信，但实际上零负面的可能性很小，即使是巅峰时期的公司也难以实现。

在第三象限上追求不切实际的危机公关目标，通常反映了一些企业在面对危机时用战术上的勤奋掩盖战略上的懒惰，这种处理措施大多产生安慰剂效应，留下未能妥善处理危机的结果和自我安慰已经尽力的借口。

危机公关的处理措施多为定制化的，但对即将进入第三象限不得不启动危机公关的企业而言，仍有一些应对规律可循，可以总结为两个"避免"和两个"挖掘"以方便记忆。

第一，避免不切实际的幻想。在面对危机时企业的心态很重要，仅仅是抛弃幻想这一点就能够帮助企业在危机公关上少走很多弯路。

第二，避免自欺欺人的行为。有些企业误以为没有公开负面报道就能高枕无忧，但实际上小道消息破坏力很大，这在资本市场上体现得更为明显，所以需要系统性的危机公关沟通举措。

第三，挖掘真正有价值的分析。跟踪分析舆情时不能将舆情监测做成面子工程，而要从中找到真正有价值的最大公约数等参考信息。

第四，挖掘真正有价值的方案。当企业深陷第三象限时要学会打破思维局限，前往第四象限寻求包括多个象限在内的解决方案。

另外再纠正一些企业对媒体的偏见。

有一些人对媒体的态度不友好，但这种态度有一定的局限性。因为以媒体为主力之一的舆论监督的存在是投资回报率较高且具有正外部性的社会机制之一。

从经济角度来看，媒体的社会监督虽不完美但非常有价值，假如将媒体的社会监督改为向不同供应商购买调查研究服务，除了高额的购买成本以外，可能还有代理成本。而且，从道义层面来看，有些企业在遇到问题时想到的是找公共关系顾问去向媒体求援，所以不宜对媒体"用人朝前，不用人朝后"。

总之，即使媒体形式会发生变化，但以媒体为主力之一的舆论监督仍会长期存在。因此，**企业应建立自身与媒体舆论长期共生的心态，形成日拱一卒的平常心，不是头脑一热立刻去培养媒体关系，而是在日常经营中对待媒体时做有心人，这些积累便能满足企业日常经营的需要。**

第四象限：危机企业的正面新闻

做好第四象限的工作有助于危机企业走出第三象限的困局。

媒体记者对于第四象限的内容通常会比较谨慎，因为这一职业通常需要具备质疑和批判的精神，比如考虑危机企业提供的素材是否真实等；而且，这种与主流舆论方向背道而驰的文章更需要足够"立得住"的内容，也就意味着写作难度会有所提高。

总之，对于媒体记者而言，写好第四象限的文章需要小心谨慎且需花费更多精力。因此，对于危机企业而言，这个象限的内容既棘手又重要。

面对第四象限的内容，可以分为两个维度加以处理：在沟通层面，企业适合寻找之前已有信任基础的媒体记者进行适度接触，或者在危机公关顾问的帮助下挖掘出有价值的内容之后再与媒体进行适度接触；在内容层面，可以参考最大公约数逻辑，进行系统性处理。

例如，A公司和B公司在资本市场上是博弈双方，而B公司实际上是由多家大型集团公司组成的共同体，与A公司相比具有绝对优势。而且B公司有足够的预算展开工作，比如召开新闻发布会、密集拜访媒体等等，所以舆论多数倾向于B公司。在此背景下，A公司召开内部会议讨论是否采取召开新闻发布会等措施。

A公司总经理："这次实在太委屈了，我们要不要也召开新闻发布会？如果召开的话是放在下周还是什么时候？"

Z姓与会人士："你们如果需要召开新闻发布会，我们在媒体资源方面有大量积淀，可以全力支持您这边的行动。"

A公司董事会秘书："上市公司围绕这种事情举办新闻发布会的不多，我需要再去问一问是否合适，我们自己也要想一想是不是一定要这么做。"

顾问方："在目前舆论一边倒地支持B公司的情况下，我认为现在召开新闻发布会的时机还不成熟，个人建议暂时先不用讨论要不要召开新闻发布会，而是应该先邀请一两家媒体做下专访，之后看看反响再决定是否召开新闻发布会也不迟。如果确定媒体专访为下一步的动作，我们就需要想一下究竟请哪几家媒体，比如前一段时间有很多媒体在质疑公司的时候，我观察了一下《新京报》的有篇文章公允客观，这个很难得，所以一定要去联系《新京报》，另外如果能邀请到《财新周刊》也是非常好的。"

A公司总经理："那就按照这个建议，先做一次专访。"

Z姓与会人士："此前我也说了召开新闻发布会的条件不

成熟，刚好我同事认识《财新周刊》的人。"

A 公司董事会秘书："那麻烦 Z 总现在打个电话问问？"

Z 姓与会人士："好的。"

两三分钟后。

Z 姓与会人士："我记得同事之前和我说认识《财新周刊》的人，不过这个同事刚刚回复说他认识的人负责《财新周刊》的广告销售。"

A 公司总经理："如果是这样，《财新周刊》这边我自己去找人拜访下，把我们的材料整理好，看看他们愿不愿意做个报道。《新京报》这边顾问能不能帮忙问问？"

顾问方："我有个好朋友之前在《新京报》工作，但是已经离职了，回头我把新闻线索写一下，麻烦他转给《新京报》看看能否跟进。"

关于危机公关，重点在于理解方法论后将其转变为自己的打法，例如，前文曾提到：企业适合寻找之前已有信任基础的媒体记者进行适度沟通，或者在危机公关顾问的帮助下挖掘出有价值的内容之后再去与媒体进行适度沟通。

在本案例中，首先是不宜仓促召开新闻发布会，以避免在短时间内联络大量陌生媒体；其次是在想到联系《新京报》记者之后，便着手考虑要提供有价值的新闻线索，再去争取与《新京报》进行沟通。

　　读者在将本书中的方法应用到实践中时，一定要灵活处理，这也正是本书以"平面坐标系""最大公约数"等基础数学概念以及后文"效用曲线"等经济学常识去细化危机公关的原因。如果读者将危机公关与这些非常熟悉的深层逻辑知识加以结合，很容易做到活学活用。

　　另外再补充一点，商业世界尤其是业务一线的竞争通常非常激烈，一般技术型打法在市场方面拼不过商务型打法，只有两者恰好一起同台竞技时才有赢面。因此，对于技术型顾问而言，要尽早补齐商务能力或者早些物色合适搭档，合伙人从来不会瞬间浮出水面，往往需要有一个漫长的大浪淘沙过程。

第一象限，健康企业的正面新闻

　　关于第一象限，读者可能会马上联想到"软文"并觉得"软文"较为简单，但实际上用"软文"来概括第一象限并不完全恰当，而且第一象限简单与否取决于企业对于第一象限的期待，如果是仅仅保持有正面发声则较为简单，如果希望内容出彩则并非易事。

　　总的来看，对于媒体记者而言，第一象限的内容量较大，但是在成就感上会略显平淡。通常情况下，此类健康企业的正面新闻一般都需要企业积极主动推广之后才能形成广泛传播。

　　关于企业的主动传播行为，首先可从大企业和小企业两个视角加以概述。

　　对于一举一动都备受关注的大企业而言，关于企业文章的传播，在预算与舆论话题性上都具备天然优势，但是企业并非听之任之，而是会选择主动参与文章传播的议程设置。

对于中小企业而言，需要明白"小企业"加"大事情"才有望获得广泛传播，比如发生具有社会意义的或者实现技术突破的重大事项。**因此，中小企业在传播时需注意这一痛点，如果不跳出企业内部立场去考虑文章立意，便容易导致无效传播，受众对此并不买账，最后可能出现企业花了较大精力却只是自我感动的结果。**

总体而言，企业在面对第一象限时应做好两个方面的工作：

舆论声量方面，企业需要在合理控制成本的情况下保持不间断的日积月累，所以要设置好传播频次及传播渠道数量等指标，以完成企业经营高频内容的第一象限声量维护工作。

舆论声誉方面，企业需要高度重视通过内容质量去提升声誉的路径，这是因为声誉的提升主要依靠背书或者内容，但通常权威媒体不愿轻易介入第一象限内容，如果企业品牌经常出现在优质内容中，即使该内容载于非权威媒体，也能提升包括客户在内的利益相关者对企业的好感。

了解完第一象限后再做一些发散性思考。

如果基于第一象限往更高层次去看，则企业需要构建"大内容观"。"大内容观"是指基于对企业战略高度的理解，打造公司核心口径内容，并以此为指导去构建销售话术、业务简介、企业软文等不同形式的内容，策略性地在企业内外部进行传播，以帮助企业在内部形成合力、在外部赢得认可,进而实现企业的经营目标。

具体来看,"大内容观"主要作用于形成企业合力方面。比如正面新闻是内容,企业推广材料是内容,销售员的销售话术等等也是内容,将这些内容归总到企业的战略层面加以统筹,可以形成"不同形式但一个声音"的企业合力,从而助力企业发展。

有一个常见现象,公司总经理等高层了解公司产品的很多销售卖点以及在何种情况下匹配何种卖点,但是销售人员对此并不知情,这便是没有企业合力的体现。如果公司拥有科学完善的销售口径及材料推广体系,销售人员遇到大多数问题可以自行解决而不用频繁请教公司高层,这有助于提升销售人员的销售效果及工作成就感,公司高层也能因此从琐事中抽身并聚焦于更重要的事情。

2020年2月新冠疫情期间,有一位主做线下 to B 业务的企业家朋友担心企业的安危,急着为企业谋求新的出路,因此想把之前一直没有推广出去的一条线上数字化产品线推广出去,找到我希望我帮企业写软文。

经过沟通之后,我告诉这位企业家,企业目前最需要的不是软文,而是需要将战略和传播结合起来的战略级文字内容,即对产品简介以及话术进行整体优化,从而为市场工作提供指导。

因为他们的产品本来就具有竞争力,市场渠道也具备优势,之前没有推广出去的原因在于作为推广材料的产品简介存在问题。他们的产品比较复杂,在不能在线下推广的情况下,销售人员便经常需要向客户发送产品简介，但存在问题的产品简介并不能对促成销售形成加分。

结合前文所说的"大内容观"来看该案例可知，相较于关于产品的各种软文而言，案例中经过优化后的产品简介以及话术等材料便可以看作统筹不同软文的战略级文字内容，同时也可以将这些内容作为"核心口径"或者"核心文案"。

再进一步分析，案例中的企业有不同的产品线，那么相较于企业不同产品线的产品简介而言，关于企业的简介便可以看作统筹企业旗下不同产品简介的战略级文字内容。因此，站在不同层次看到的核心口径也会不同。

另外，该案例企业产品简介中存在的问题对于其他企业也具有一定的参考价值，所以本书在此将其列出，从而方便大家对照了解：

（1）产品简介看起来格调很高，但只是形式美观和词语华美，实际内容没有打动客户，所以需要从战略视角重新提炼产品亮点。

（2）产品简介中的逻辑线索不清晰，所以无法建立客户信任。案例中的企业产品是一种打包式解决方案，里面存在多种不同功能。而企业产品简介未能将不同的功能组合讲清楚，客户心有疑虑所以不敢购买，因此产品简介里的逻辑线索需要重新梳理。

（3）产品简介与其他材料尤其是销售话术存在冲突，公司对此一直没有察觉，极大地影响了销售员的推广工作，因此需要从联动视角对不同材料加以统筹。

文案优化之后，该线上数字化产品线在当月的销售量增长 40 倍，实现了从几百到几万的突破，并在当年成功扭转了从创立之初一直亏损的局面。

该线上数字化产品线之所以能够在短期内实现突飞猛进，与企业自身的产品设计能力以及渠道建设能力有较大关系，而非文案一家之功。通过该案例，可以看出战略定位等战略管理相关工作的落地并不困难，关键是要在策划过程中落到实处，在本书最后一章探讨战略与市场和财务三角联动时会呈现相关思路。

现在本书已经将"关于危机的媒体偏好模型"的四个象限全部展示完毕，同时也在描述四个象限时穿插谈及了一些相关理论以及理念。**对于企业而言，需要注意四个象限内容之间可以相互转化，这也意味着在某个象限遇到问题时可以跳到另一个象限寻求启发。**

另外，本书用到的"四个象限"说法或者"大内容观"一词，主要是为了帮助读者理解深层逻辑与认知，一旦读者想通了其中的道理，就可以具体问题具体对待，去做针对性的调整与优化，而无须拘泥于这些称谓。

企业内部视角

现在继续借助平面坐标系从企业内部视角进行分析，与企业外部视角不同，此处的重点不是研究媒体等受众如何看待企业，而是假设包含危机在内的不利事件已对企业产生影响的情况下，企业应该如何正确判断危机并采取相应措施。

建议读者在阅读这一部分内容时，去想象一个平面坐标系或者拿出纸笔将平面坐标系画出来。

在此处的危机公关平面坐标系中，把纵坐标向下的方向记作危机，把纵坐标向上的方向记作健康；把横坐标向左的方向记作里子，把横坐标向右的方向记作面子（见图 3-2）。

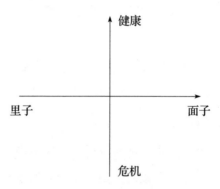

图 3-2　危机公关平面坐标系

关于里子与面子的区分，里子更多与企业核心资源能力以及企业核心战略目标等关键要素相关，面子则相对边缘化一些。另外，坐标轴上的"危机"与"健康"等词是对企业的定性而非对事件的定性。

这样便可得出一个以"危机""健康""面子""里子"为四个方向且具有四个象限的平面坐标系。其中，第一象限是健康企业的面子，第二象限是健康企业的里子，第三象限是危机企业的里子，第四象限是危机企业的面子。

关于这个模型，可以称作"危机公关战略象限"或者"关于危机的战略定位模型"，用以分析包含危机在内的不利事件对企业产生影响时，企业应如何对危机作出判断，同时有针对性地采取相应措施。

接下来，本书将按照第一、二、四、三象限的顺序分别介绍"关于危机的战略定位模型"每个象限的具体情况，并针对每一个象限总结关键解决思路。

第一象限，健康企业的面子

包含负面新闻在内的不利事件对健康企业的面子产生影响，为第一象限，通常是在四个象限中企业受影响最轻微的象限。正因为如此，企业在处理时更易出现马虎大意或者姿态过高等偏差，但是，如果企业能够妥善处理好第一个象限，通常会有很多意外收获。

不同的健康企业对于第一象限的处理措施不同，下面我们分别看一下海澜之家和东方雨虹的案例，之后再将两者结合起来加以分析。在对企业案例进行分析时，应聚焦于从企业行为中吸取经验而非进行道德批判。

在 2019 年 4 月 19 日海澜之家召开的年度股东大会上，海澜之家时任董事长周建平对小股东进行强势回复，被大量自媒体跟踪转述与讨论后"火了"。现将海澜之家时任董事长的相关回复内容予以呈现。

第一波高潮，在小股东对海澜之家的存货提出质疑之后，周建平回复：

  总有人问存货问题，这个问题我听得耳朵都要起茧了，我也拜托你们，今天听完之后出去跟别人说一下，以后不要再问这个问题了。海澜的经营模式没有问题，我们的营收还在持续增长，那些质疑我们存货问题的，你让他找一家营收比我们高的来，如果营收没有超过海澜，就没有资格质疑我们。

  我们的系统可以实现全国门店监控，我们的存货包含了每个单店存货，有的服装企业发到经销商的商品就不计存货了，它们怎么和我们比？谁都不许质疑海澜的存货问题，我们的坪效甚至可以超过 ZARA 和优衣库。海澜的模式别人很难学，我们很成熟，至于为什么学不来呢？那就是能力问题了。

第二波高潮，在小股东对海澜之家的设计师实力提出质疑之后，周建平回复：

  你说的那些高端设计师，凭什么说他们是高端设计师？他们是哪个大公司的？设计的商品卖了多少？销售额有多少？你都说不出来，那叫什么高端设计师。你功课都没有做足就来提问，我劝你还是不要浪费大家的时间，早点结束去吃午饭，如果你还有什么问题，可以单独和我们董秘交流。

  我告诉你，最高级别的设计师全在海澜之家，你觉得不好看你别买啊，买的多就说明喜欢我们设计的人多，销售额可以说明一切。有本事就超过海澜之家啊，没有人超过海澜之家就说明我们现在是最好的。

根据时任海澜之家董事长的回复内容，可将海澜之家视为健康企业，与此同时海澜之家小股东质疑了海澜之家的一些情况，那么对应到坐标系中便是第一象限，即健康企业的面子问题。

作为战略管理咨询师，我认同海澜之家董事长所说的要做足功课再提问的逻辑，但是海澜之家董事长的回复方式看起来是在维护面子，事实上会伤到包括潜在客户在内的很多路人缘。围绕此事的一些网络评论，也透露出对当时海澜之家这番言论的不满。

也有人认为健康企业的面子不重要，但这种声音并不科学。对于外界的质疑，如果企业方始终视若无睹，便有可能从第一象限转化为其他象限，毕竟"三人成虎"有一定的道理。

关于如何处理第一象限，在介绍完接下来的企业案例之后再讨论。

在阅读东方雨虹案例之前，先了解一下 2019 年 4 月 3 日的一份声明："恩捷股份严正声明：本公司近期未举办任何路演活动，也未授权任何第三方举行此类活动，希望大家不信谣、不传谣。"

在此，我们提出一个问题供大家思考：

澄清公告对于正面新闻通常有效，但对于负面新闻通常无效，那么应该如何处理关于负面新闻的澄清公告呢？

关于上述问题的答案，读者可以先自行思考，本书在介绍第二象限的相关内容时会给出参考答案。

现在来了解 2020 年 4 月东方雨虹的案例。

同花顺金融研究中心 4 月 22 日讯，有投资者向东方雨虹提问：公司防水工程施工的回款周期大概是多久？防水工程施工应收账款占整体应收账款的比例是多少？

公司回答表示，根据公司披露的 2018 年年报，公司应收账款以账龄一年以内为主，综合账龄较短。关于防水工程施工业务，公司根据施工服务进度、项目结算情况等陆续确认收入，因工程项目的结算本身较为复杂，结算周期通常相对较长，但公司业主方的履约能力相对较强，相关项目结算和回款不存在重大风险。

为应对应收账款坏账风险，公司全力提升经营质量，加快回收应收账款，实施"对到期应收账款实行零容忍"，出台相应的应收账款管控策略，强力推行应收款全员全过程管理，充分调动全员收款积极性，并成立了专门的风险管控中心来评估客户履约能力，并对合同评审、工程签证和回款情况等过程进行全程监控，随时跟进每个具体项目的应收账款回款情况，出台合同风险处理、应收账款控制管理、债权凭证管理、非诉及诉讼方式的应收账款催收等多种措施以完善应收账款管理机制，防范应收账款风险。

感谢您对东方雨虹的关注！

2019 年我曾和东方雨虹的一位前员工谈及东方雨虹，他说资本市场一直比较关注东方雨虹的应收账款。因此，东方雨虹在不断通过各种手段对应收账款予以优化的同时,一直耐心地通过各种方式向资本市场解释应收账款的事情。

因此,本书在筛选第一象限案例时,想到了东方雨虹对于外界怀疑声音的处理措施,便查证求实印象中的对话,找到同花顺金融研究中心 2020 年 4 月 22 日讯。

2016 年至 2021 年年初,东方雨虹的市值从一两百亿元增长到一千多亿元;海澜之家还在四五百亿市值的位置原地踏步,甚至出现了退步,但海澜之家在 2020 年末有一个变量因素,即完成了董事长职位的交替。

读者可以看到,市值的变化不仅受企业以何种态度应对外界质疑这一因素的影响,衡量一家企业的进步与退步也不止市值这一个指标,但是企业在市值上的表现,还是会在一定程度上反映出企业投资者关系行为的科学与否。

综上所述,关于第一象限的应对举措:**一方面要有所行动,重在预防"三人成虎",比如东方雨虹出台的对于资本市场上怀疑其应收账款问题的应对措施;另一方面要耐心解释,即在注意耐心的同时记得调用最大公约数系列策略来配合做好解释工作。**

同时还需注意,危机公关行动一定要落到实处,但解释不一定非得靠语言。

格力董事长董明珠在抖音直播首秀"翻车"后的一系列举措就是例子。2020 年 4 月,著名企业家董明珠抖音直播首秀"翻车"上了微博热搜,一时间"董明珠直播带货失败,成年人的世界面子才是最不重要的"等观点吸引了大量流量。但是，董明珠在 6 月 1 日卷土重来继续直播带货，当天的累计销售额高达 65.4 亿元，创下家电行业的直播销售纪录。本书认为这是在实践中要面子并挽回面子的体现，并且有助于格力的发展。

此外，可以围绕海澜之家、东方雨虹等企业面对不利事件的反应做延伸思考。上市公司针对舆论的质疑进行发声通常遵循危机公关的操作方法，但其实这也是一种投资者关系行为。

正确的投资者关系管理，应该是在向资本市场推介企业使之"走出去"的过程中，把资本市场对企业的建设性信息"引进来"，从而提高投资者关系工作的效果。

也有人将这些投资者关系工作称作市值管理，但"市值管理"这个词有待商榷。市值对于企业而言的价值在一定程度上就像考试分数对于学生的意义，分数其实是无法管理的，市值也是"功夫在诗外"，是企业在战略管理、核心竞争力、市场营销等各方面的综合体现。因此，企业更应该理性对待市值管理。

但如果不探讨"市值管理"一词的科学性，而仅仅用这个词指代投资者关系工作内容以方便交流，也没有太大问题。

第二象限，健康企业的里子

第二象限通常会呈现出不稳定的过程态，这就意味着一旦企业在第二象限出现问题，会较快转化进入其他象限。关于转化通常有两种可能。

一种可能是，一旦包含负面新闻在内的不利事件对健康企业的里子已经形成干扰，企业一般会滑落到第四象限甚至第三象限。

另外一种可能是，企业有惊无险地转入第一象限。但需要注意，企业在第二象限时一定不能出现前文中提到的时任海澜之家董事长式的沟通风格。关于健康企业里子问题不宜硬碰硬，而关于健康企业面子问题偶尔硬碰硬虽不利于企业，但其实总体可控。

此时补充一下企业家要不要选择硬碰硬以展现个性的讨论。

虽然企业都希望自己的"美"是"自然美"而非公共关系修饰的结果，但如果让市场对企业的公共关系能力作出负分评价一定不是好事情，尤其是现在资本市场对于企业的估值是基于多方面的考量而非单方面的因素。

比如在本书后文中会详细展开的 2020 年 8 月及 9 月乐歌股份热门事件，我始终无法认为这是一个企业家着眼于长远的行为，当时该公司董事长硬碰硬，怒怼平安资管的投资经理，引发主流财经媒体高度关注并带来一系列不利影响。

如果把案例时间拉长到 2021 年 2 月，读者可以看到这位董事长在态度上的变化。下附《每日经济新闻》在 2021 年 2 月 9 日对乐歌股份董事长项乐宏观点的呈现。①

> 乐歌股份董事长项乐宏在接受《每日经济新闻》记者采访时表示："资本很重要，实业更重要；实业是资本发展的根基，资本能够促进实业的发展。作为宁波人，在宁波这块土

---

① 叶晓丹. 乐歌股份项乐宏：实业是资本发展的根基，资本能促进实业发展.（2021 - 02 - 09）. http://www.nbd.com.cn/articles/2021 - 02 - 09/1626493.html.

地，我更愿意做有资本支持、合作的实业推进者。作为上市公司董事长，情绪控制能力、对资本的包容度要提升，我也希望资本能够更深入地研究我们企业，如果过去是个错误，那错误绝不再犯，欢迎更多的资本朋友来考察、调研、投资。"

这个变化能反映出乐歌股份董事长在进步，但市场接受与否取决于这家公司能否有更好的业绩，这与本书在第一章中提到的"在高光时刻留下的危机刻板印象有时需要一个更耀眼的高光时刻才能冲掉"有一定相通之处。

那么，企业如何围绕健康企业里子也即第二象限开展工作呢？

第一步，通常情况下企业可以参考风险管理逻辑去做预防性的危机公关工作，核心之处在于对健康企业的里子问题做战略预判。

比如我在几年前曾经给一家上市公司的再融资项目做投资者关系顾问，虽然最终该公司逆势融资成功，但是我们对资本市场、公司战略、公司融资情况进行了综合分析和预判，建议该公司将工作重心迅速转移到风险点释疑上来。当然听起来有些像泼冷水，因为在当时的情况下能够成功逆势融资已实属不易。

其中，分析要点如下所示：

第一个风险点，我们担忧外界会认为此次公司再融资对象的战略投资属性不足，这个情况可能会成为资本市场质疑公司前景的理由。为了理解这个风险点中的逻辑，可以通过逆向思维思考，比如 2019—2020 年，不管高瓴资本出手哪家上市公司，这个动作都会引来市场的高度关注，该上市公司的股价通常也会上涨。

第二个风险点，企业融资后的现金流情况与企业推进的投资规划相比，仍存在较大缺口，会引起资本市场对公司战略能力的质疑。 因为一旦资本市场对企业产生怀疑，企业再想自证清白就需要付出巨大代价，所以需要提前对风险点加以释疑。

第三个风险点在于实控人股权质押比例较高，一旦与其他风险点形成共振，往往会带来更大麻烦。 在这方面，一些上市公司的实控人可能体会较深。

因此，我们建议企业要展现三个方面的战略要点：（1）要向外界展现企业所处行业的前景及资本市场的相关声音；（2）向外界指出公司投资规划的预见性以及已投项目的稳健进展；（3）向外界补充提出企业多样化技术路线的抗风险优势。

那么在这种较为关键的时刻究竟该采取何种沟通方式呢？也就是在做完第二象限的预判工作之后，要找到关于第二步的正确的执行方式。

第二步的核心在于使用正确的对外释疑方法，本书将释疑原则总结为"不经意间的有理有据"。

另外，"不经意间的有理有据"也是对前文所提问题的回答，此处的探讨与围绕"澄清公告对于正面新闻通常有效，但对于负面新闻通常无效"现象所提出的"如何处理负面新闻的澄清公告"问题的深层逻辑相通。

第四象限，危机企业的面子

包含负面新闻在内的不利事件对危机企业的面子形成干扰，通常意味着企业陷入四个象限中最无奈的处境。因为陷入危机中的企业，其处境已经捉襟见肘，面对负面新闻等不利事件时更难以招架，从而容易陷入恶性循环。

继续以 A 公司和 B 公司对垒的事情为例。本书在案例中曾提到，由多家大型集团公司组成的共同体 B 公司，在面对 A 公司时具有绝对优势，加之 B 公司有足够的预算展开工作，比如召开新闻发布会、密集拜访媒体等等，所以舆论多数倾向于批评 A 公司。

对此，虽然 A 公司的总经理感到非常郁闷，但 A 公司的财力无法支撑其采用 B 公司那样的打法；另外 A 公司主要是以 to B 业务为主，而 B 公司中包含了多个 to C 业务主体且是多家媒体的长期广告大客户，此时在 A 公司和 B 公司同时找上门来说理时，不同媒体的反应可能不太一样。

因此，A 公司在此情形下只能聚焦核心问题并在一定程度上容忍面子问题，所幸 A 公司在股东大会上如期实现了目标。由此可见，当危机企业处于第四象限遇到面子问题时，不同于第一象限的面子问题，在避免滑入其他象限时有较多可供选择的工具。

当企业处于第四象限时，可以参考 A 公司的相关经验：

第一点，有舍有得地围绕企业的核心诉求来打好危机公关保卫战，且要做好损失一些面子的心理准备，以免企业在损失面子时因"应激"反应导致乱了阵脚。

第二点，**发挥好主体性信息源优势，比如充分利用上市公司公告、类似"e互动"和"互动易"的平台、公司微博和微信等自有发声渠道，同时需要避免自相矛盾。**细化来看，自相矛盾分为两种，其中一种是时间上的，多为"前言不搭后语"式的前后矛盾，另外一种是空间上的，多为在不同渠道中"各说各话"式的相互矛盾。

此外，因为企业处于第四象限时，不像企业在第一象限面对面子问题时有一定的缓冲带，所以要做足预案以防转入第三象限，即出现危机企业里子问题。

第三点，**需要处在第四象限的企业在第三象限尚未爆出重大问题前，对里子问题做好让渡利益与切割，而不能太固执。**比如曾被视为共享经济领头羊的ofo走到如今的境地，不少人士认为，部分原因在于ofo过度坚持己见导致ofo与投资人形成博弈。

第三象限，危机企业的里子

第三象限指包含负面新闻在内的不利事件对危机企业的里子造成影响，当企业处于这一象限时，通常意味着危机企业已"病入膏肓"，企业能否翻盘往往需要看重大举措是否有效。

例如，2020年贵人鸟的状况即为危机企业的里子问题，大量媒体予以报道，以下是《国际金融报》2020年8月31日对贵人鸟相关情况的跟踪[①]：

---

① 王敏杰. 贵人鸟"折翼". (2020-08-31). https://www.ifnews.com/news.html?aid=97839.

在经历了上市初期的辉煌发展期后，贵人鸟最近几年"失速"了，贷款逾期、债务压顶、退市风险等更是成为其近年来屡被提及的关键词。日前，贵人鸟发布公告称，因无力清偿来自奇皇星公司 250.73 万元的债务，债权人已经向法院提出对贵人鸟进行重整的申请。在此之前，贵人鸟更是经历了多家银行的轮番追债，14.1 亿元银行贷款全部逾期。

对于这家从福建晋江"飞"出来的运动品牌来说，眼下已经到了"生死存亡"的关键时期。因为 2018 年、2019 年连续亏损，贵人鸟当前已被实施退市风险警示，"保壳"成为债务处理外的另一棘手任务。

对于这些里子受挫的危机企业而言，应该采取包含危机公关在内的多种措施的组合拳。

在第四象限时，危机公关视角也有通用的方法。

首先，与第三象限"做好损失一些面子的心理准备"不同的是，至少需要稳定展现正面声音以维持信心；其次，重心工作是应该做好不同重要利益相关者的沟通工作，如果有"白衣骑士"的话，尤其要与"白衣骑士"高度配合。

除了危机公关以外的其他措施也有很多，当然单一措施往往难以见效，应打好加大应收款项催收力度、维持核心经营业务、重组债务等组合拳。

在此过程中，存在一些"白衣骑士"在介入危机企业后惹火上身的案例。

2020 年某家一贯稳健经营的大型产业公司,与几家金融机构一起联合充当"白衣骑士",对某第四象限危机企业予以救助,在介入后发现救助工作推进困难,而危机企业原有部分投资方联合部分金融机构,一起向该大型产业公司在舆论上发难。

关于应对策略,该大型产业公司需要围绕第一象限健康企业面子和第二现象健康企业里子中的逻辑加以考虑。

现在本书已经对"关于危机的战略定位模型"的四个象限进行了完整的阐释,同时对于不同象限中的对策也分别进行了总结。在这个坐标系中,同样存在企业在不同象限中进行转化的可能性,企业对此要做好充分的预案以及心理准备。

此外,企业应该树立以终为始的理念,例如从预防性危机公关工作出发对企业状况进行预判,企业既可以利用预判来预防危机的出现,也可以根据该预判处理企业存在的问题以获得长远发展。

3. 探寻"平面坐标系"后的洞察力

此前本书介绍了危机公关平面坐标系,并分别从企业外部视角和企业内部视角加以分析。具体而言,危机公关平面坐标系是应对危机的一种工具,危机主体可以根据这一工具对危机作出判断,并据此找到破局思路。

因此,在危机公关平面坐标系的背后,其实是洞察事物的能力，即洞察力。此前我曾与一位供职于某独角兽公司战略部的朋友探讨如何看待企业战略并聊到了洞察力从何而来。以下是对话内容。

问："你觉得战略是什么？"

答："我觉得战略的本质是选择。"

问："如何选择？"

答："选择靠洞察。"

问："怎么具备洞察？"

答："洞察是一种认知能力，而这个认知能力由三大块加总构成。

"第一块是自然禀赋，就像我们打游戏时法师角色适合练魔法攻击，而战士角色适合点物理攻击，有些人天生就适合往洞察方面去培养，但是有些人并不适合，当然也并不绝对。正如关于曾国藩"笨"却仍能取得杰出成绩的故事得到这么多人传播，说明大部分人也都认可这个观点，即自然禀赋只是构成洞察能力的一个部分而非全部。

"第二块是知识结构，各个职业所需要的知识结构往往不太一样。比如我自己为了更好地理解资本市场领域的危机公关项目，在本科毕业两三年后赶时间同时学习了会计专业和金融专业。

"第三块是项目阅历。在做危机公关的过程中，企业家会告诉你很多亲身的商业感受。因为如果企业家不披露这些,危机公关就没法顺利执行,所以通过危机公关能够迅速吸收经验,再将这些经验转化成自己的认知。

"这三大块之间是加总关系,比如第一块弱了一些,便可以在第二块和第三块多做些努力,同样可以补足第一块。

"其中,关于第二块知识结构,看起来最辛苦但其实构不成壁垒,一般只要坚持几年都能够获得,不过肯定是越早学习效果越好;而关于第三块项目阅历,我们获得认知的方式有很多种,危机公关仅仅是其中的一条路径,通过法律、财务、审计等工作,也可获得非常好的认知,核心在于能否在把本行业吃透的情况下实现一专多长。"

危机公关的好处在于可以培养以终为始的逆向思维和联动视角的全局意识,进而有助于提升洞察力,这对于做好其他工作也有非常大的帮助。但是不同的人对危机公关的定义不同,打法不同,所获得的收益也不同,在此不再展开论述。

我们应该推动危机公关行业真正为企业带来增量收益,比如本书倡导依托战略模型和深层逻辑分析去做危机公关。但是,这也会让危机公关过于依赖"人"的要素,导致此类危机公关商业模式难以规模化。

从三个层面提升"平面坐标系"洞察力

首先,在技术层面,养成在日常工作中将平面坐标系与自己

领域的专业技术加以结合的习惯，进而在处理危机时可以准确洞察。

不同人的专业领域往往不同，所以需要读者根据自身的具体情境加以分析，此处以财务部和战略部为例，方便读者了解如何将二者结合。

比如财务部，在看平面坐标系象限时，可以结合企业财务战略视角去洞察危机是里子还是面子，例如危机是否会传导到企业的融资成本以及融资进展上，就像某企业因一篇自媒体文章导致债券市场融资受阻的案例，便是由财务部领导牵头与危机公关顾问进行对接。

比如战略部，在看平面坐标系象限时，可以结合企业核心竞争力是否会受到影响、企业是否会因此错失战略机遇等角度，去洞察如何匹配对应象限以及如何用好对应象限中的策略等。

关于证券事务部、公共关系部、市场部、品牌部等部门，其实无须举例，因为这些部门经常冲在危机一线，有些时候还有成为"背锅侠"的可能。

其次，在心态层面，养成冷静处理危机的平常心，平面坐标系有助于洞察到危机是一种客观存在的现实，减轻巨婴心态对危机公关造成的干扰。

关于企业外部视角平面坐标系的四个象限，除了有助于应对危机之外，还有一个重要价值在于帮助危机主体洞察到负面报道符合媒体运作规律，通常不是某一媒体有意针对某一危机主体，认识到这样的客观规律有助于形成平常心，从而以一种平和的心态作出正确的洞察。

企业内部视角平面坐标系的四个象限比外部视角更为核心，应对危机需要企业对自身有清晰的认识，比如判断某事项到底是面子还是里子，但答案往往在企业家或者核心决策层那里。因此，公共关系人员需要结合第五章中关于"危机公关人员没能说服或没有说服决策层"的内容，研究好关于沟通方面的策略。

最后，在信息层面，要在危机公关中培养主动洞察宏观的习惯，此举不同于此前技术层面和心态层面侧重微观的情况。

第二章中曾提到公共关系人员要养成的一个核心职业习惯，是从大处着眼和从小处着手。当时围绕从大处着眼的讨论，更多是强调相对于具体工作而言，企业战略是大处所在，而现在的从大处着眼则强调从更宏观的层面去洞察趋势。一般情况下，了解宏观可以借助 PEST 分析模型，分析政治（political）、经济（economic）、社会（social）和技术（technological）这四大类影响企业的因素。鉴于很多书籍都会介绍 PEST 模型，此处便不再展开论述。

危机公关洞察力的应用场景

此前已经描述了危机公关平面坐标系方法论，并且简单介绍了平面坐标系背后的洞察力，而关于危机公关中的洞察力，在两种情况下有不同的应用方式。

其中一种是当企业或个人处于诸如危机之类的关键时刻，并需要进行传播沟通管理以获取理解与支持时，作为危机主体能够依靠洞察力从容应对，对危机进行准确判断并把握好危机公关的方向。

另外一种则是在企业日常工作中关于危机公关的研究工作。这时候需要考虑，一方面，企业确实需要处理危机公关的相关工作，另一方面，如果企业围绕危机公关专门设岗的话，会增加企业经营成本。

因此，在决定是否要围绕危机公关职能进行专门定岗、定编、定员时，对于大型企业或者被危机"伤害"过的企业另当别论，对于普通企业而言，从投资回报的角度来看，专门设岗不一定明智。如果企业不专门设岗，同样也有解决方案。

第一种解决方案，对市场部、品牌部、公共关系部或者包含投资者关系职能在内的证券事务部的人员予以培训，从而帮助这些部门在日常工作中提升关于危机公关的战略思考能力，正如在原有软件的基础上再设计一个插件。

第二种解决方案，有些企业设立了战略管理部或者战略研究部，便可以考虑对这些部门予以培训，从而为战略管理部的工作人员添加关于危机公关分析的"插件"。

对于危机公关从业者而言，在面对那些被偶发性危机"伤害"到的企业的招聘需求时，无论是入门级岗位还是高阶岗位，均需要三思。其实对于企业自身而言，也是如此。

关于危机公关从业者，企业的用人成本较高，当这些被偶发性危机"伤害"到的企业在短期内没有危机需要处理时，危机公关岗位被裁撤的可能性便会较大，或者存在对危机公关人员调岗的冲动，这时候危机公关人员就得面临职业变更或者跳槽的选择，徒增麻烦。

　　如果要对此处的思考线索进行提炼，可以关注关键词"频次"，并可以由此抽象对应到时间维度。

　　经常遭遇危机的企业通常是树大招风的大企业，而那些被危机以偶发性形式"光顾"的企业往往是中小企业。中小企业还有一个特殊情况是迫于压力，不得不作出大量的相机决策，包括岗位的设立与裁撤也是如此。如果危机公关人员在入职前没有想清楚，那么很可能会以一种不太好的结局收场。

　　如果对此处的思考线索进行提炼，主要需要考虑关键词"规模"，比如用人成本是否在公司内部得到摊平，所以也可以抽象对应到空间维度。

　　另外，建议读者由此推及其他，包括对于中小企业的战略管理岗位而言，也存在类似于前文描述的危机公关岗位的逻辑，偶发性需求对应的是偶发性用人，因此在应聘由偶发性需求催生的岗位时需要三思。

　　此外，对于这类偶发性需求，企业方在用人之前应说清楚，选择签劳务合同或者咨询合同可能会更好。而对于诸如财务、行政等相对"高频"的职位而言，这种情况就不太常见。

第四章

搭"立体坐标系"统筹公关进程

如果在危机公关平面坐标系的基础上增加一条竖轴，便构成了危机公关立体坐标系或者三维坐标系。与前文相同，读者并不需要对这个立体坐标系加以求解，借助坐标系的理念去更好地理解危机公关即可。

在阅读过程中可以更形象一点，将危机公关立体坐标系想象成"墙角坐标系"。比如，在一个房间里看向墙角，就会发现房间的高、长和宽都汇集于墙角的顶点处，即立体坐标系的三条线汇集于一处。

受立体坐标系三条轴线的启发，企业和个人能更好地理解如何统筹危机公关项目。本章在介绍危机公关的过程中，首先仍将导入案例，之后对危机公关立体坐标系的逻辑进行分析，并且提供对应的危机公关解决思路。

1. 哪些危机公关步调容易出错？

混乱是有序的前置，危机公关步调出错可以理解，但要学会

"吃一堑，长一智"，实现从混乱到有序的转变。对此，本书先通过案例对"危机公关步调出错"现象加以分析，之后再介绍危机公关立体坐标系的理念与方法。

接第二章"沿着'最大公约数'建立共识方案"一节中的案例，也即沿用A公司和B公司对垒的基本情况，并围绕案例补充一部分细节以呈现关键逻辑，从而方便读者挖掘新的视角并提升学习效果。

此处简要回顾一下案例背景。

A公司和B公司是对垒双方，双方争议的关键在于，A公司向B公司收购了C公司，C公司的经营是否达到了对赌约定的指标以及B公司基于此事是否需要向A公司赔偿。当时，关于C公司的经营情况，A公司和B公司各执一词且各自准备了充足的理由与证据，即将到来的股东大会是双方争议的关键战役之一。

B公司实际上是由多家大型集团公司组成的共同体，面对A公司时具有绝对优势，所以A公司的这一场战役会非常辛苦。在这种情况下，A公司若想以弱胜强，其高层便需要操盘一个复杂的危机公关系统工程。

第一个关键时点：某假日前夕。

在这个背景下，顾问方内部对未来舆论走势做了研讨，并得出了一个预判，认为B公司在节后很可能会向A公司发动舆论攻势。

所以，顾问方做了三件事情：首先是告诉 A 公司这个推断；其次是顾问方将在假日期间及时完成通稿并交给 A 公司；最后是事急从权，因此，建议节后第一天上午安排发出通稿。

案例中的通稿的行文，整体上是以防御导向的事实型内容为主，关于这一点，读者可以回想一下最大公约数方法里的四个关键要素，尤其是素材要素。

如此安排的原因在于，顾问方了解 A 公司处于绝对劣势，所以采取防守策略。通常情况下，受众在遇到针锋相对的舆论观点时，更愿意通过事实型内容来辅助决策，如果 A 公司的事实型通稿得以传播，便可以构成 A 公司的公关护城河；另外，事实型内容还有一个好处，即可以不激化矛盾。

建议读者在做危机公关项目时通常优先选择怀柔策略，关于这一建议，第六章会有相关分析。

第二个关键时点：该假日后第一天。

A 公司选择暂不发布通稿，因为在 A 公司需要考虑的维度里，不仅仅有危机公关视角，还有其他视角。

关于 A 公司的这一选择，如果在项目事后开启全知视角，在顾问方作出预测并准备好了具体内容以及行动步骤的情况下，A 公司高层不应犹豫。但是，如果回到事前的时间节点，A 公司采取谨慎行为属于情理之中。

第三个关键时点：该假日后第二天。

B公司具有绝对优势，C公司发起攻势比如召开新闻发布会、密集向媒体投放新闻通稿等等，此时舆论多数倾向于B公司。

A公司在综合实力上处于劣势且被认为有"碰瓷"嫌疑，加上失去了一个关键时间窗口，让具备优势的B公司领先一步。

事态发展至此，一部分声音认为A公司在股东大会上会失败。但是，尚有两个关键要素能够决定股东大会舆论层面的胜负，A公司只要能争取到其中之一，便有50％的概率获得胜利。

第四个关键时点：该假日后第三天。

A公司公告C公司的材料遭到了破坏，A公司正积极联系C公司了解情况，但A公司旗下除了C公司以外的其他子公司并没有材料受损的情形出现。

随着C公司这一行为的爆出，媒体的舆论态度也相应出现了分化。虽然大量支持B公司和C公司的媒体仍然持支持态度，但是有些中立的媒体通过此事开始有了自己的判断。

此处所说的分化，为前文所说的两个关键要素之一。

第四个关键时点的同一时间。

A公司高层发挥了学习能力强的优势，组织危机公关顾问迅速调整策略，为股东大会做充分的准备。

A公司高层的进步为前文所说的两个关键要素中的另一个。关于这一要素背后的逻辑，可以参考前文"情绪要素"中关于"时间维度的竞争力"的描述。

在股东大会上，A公司在面对具有绝对优势的B公司时获得了险胜，实现了自身的阶段性诉求。从更长远的角度来看，双方围绕此事进行了长时间的僵持，最终也达成和解。

在该事件中，A公司曾出现过应该发布通稿但未发布的情况，本书引入"抢位失误"一词来加以形容，这是多数企业在"危机公关步调出错"问题上的第一类主要现象。

在介绍"危机公关步调出错"第二类主要现象之前，对该案例做几点补充：

第一，危机公关顾问方有价值但企业方才是获胜的关键。比如在股东大会上的发言，顾问方向A公司总经理提供建议内容后，A公司总经理围绕建议内容发言的表现超出了顾问方的预期。其实，很多高层都有非常强的公共关系通识能力有待激发，只需稍加点拨就能游刃有余。

第二，危机公关是股东大会获胜策略中的一个因素而非全部。因为本书聚焦于危机公关，所以没有描述不属于危机公关领域的策略。尤其在这个项目中，A公司的总经理、董事会秘书以及外部律师、会计师都非常专业。

第三，股东大会是A公司和B公司关键战役中的一场而非全部。

第四,"获胜"是相对的,而"双赢"甚至"多赢"才是更好的。

除了"抢位失误"现象之外,"危机公关步调出错"的第二类主要现象是"自相矛盾"。

本书此前在第三章"危机企业的面子"主题中将自相矛盾划分为两种类型:一种是时间上的,多表现为"前言不搭后语"式的前后矛盾;另外一种是空间上的,多表现为在不同渠道中出现"各说各话"式的相互矛盾,比如不同高管的口径不一,不同部门的话术不同,等等。

先来了解一下时间上的前后矛盾。

例如,可口可乐在 2012 年 5 月发生的事件,此处主要呈现《新京报》对该事件的跟踪[①]:

> 5 月 4 日,周五,本该是忙碌的一天,位于太原的可口可乐(山西)饮料有限公司内却冷冷清清,生产车间大门紧锁。工作人员称,在整改期间,公司只有经营人员在上班。
>
> 面对持续升温的"含氯水"事件,可口可乐放下了姿态。5 月 4 日下午,可口可乐大中华及韩国区总裁鲁大卫(David G. Brooks)在事发地山西公司召开媒体沟通会并向公众道歉。
>
> 追溯以往,可口可乐在处理危机时,总能表现得游刃有余。此次"含氯水"事件,从刚被爆出时的否认,到后来

---

① 李静. 可口可乐"变脸"18 天. (2012 - 05 - 07). https://www.bjnews.cn/detail/155144810714071.html.

承认并道歉，前后 18 天时间，可口可乐这种"变脸"表现，在引发公众质疑的同时，也引发业内对其危机公关能力的怀疑。

再来了解一下空间上的相互冲突。

例如，2019 年在面对特朗普政府的高压时，华为公司的两位高管在公共关系上的口径。

2019 年 2 月 28 日，华为公司高级副总裁陈黎芳在《华尔街日报》上向美国媒体发表公开信表示："近年来，美国政府对华为存在一定误解。我们希望大家能够关注事实的真相。"

2019 年 2 月 27 日，华为轮值董事长郭平在英国《金融时报》上撰文提到："针对华为的密集攻击是华盛顿方面意识到美国在开发一项具有战略重要性的技术方面已经落后的直接结果。"

2. 用"立体坐标系"统筹危机秩序

前文已经对"危机公关步调出错"现象进行了描述，下面正式介绍立体坐标系的相关内容。在危机公关中运用立体坐标系看起来略显复杂，其实非常简单，**抓住危机公关立体坐标系的核心内涵并经常用来对照危机公关行为即可。**

在阅读过程中，可以将危机公关立体坐标系想象为"墙角坐标系"，并假设我们自己处于一个房间之中，看向墙角时，就会发现房间的高以及长和宽都汇集于墙角顶点处。

为了用好立体坐标系,本书将汇集于墙角处的"长""宽""高"三条线分别对应"时间""空间""行动"三个维度。**在本书中,时间与空间已被多次提及,比如危机公关的时间维度的竞争力、危机公关的空间维度与时间维度的相互转化等,这是危机公关的主要属性,对于战略管理而言也是如此。**

下面结合前文中的案例来理解。

A 公司在第二个关键时点应该抢位时没抢,所以关于 A 公司的"抢位失误",可以理解成在对的"时间"缺少了对的"行动"。

围绕这个情况,再加一个假设。

如果 A 公司把对的"时间"与对的"行动"相匹配,但是在需要投放到足够多的渠道以促进传播之际出现了失误,这便意味着"空间"要素出现了问题,同样也难以实现预期目的。

危机公关立体坐标系的第一层核心内涵已经一目了然,时间、空间、行动三个维度中的每一个维度都要力求正确。另外加以延展,便会看到第二层内涵,即时间、空间、行动三个维度间的匹配要力求恰当。

对于处于危机压力下的企业而言,需要在短时间内作出科学的传播沟通行为以兼顾以上两层内涵,是一件非常有挑战性的事情。

那么,应该如何行动呢?

为了有效应对这个挑战,同时兼顾前文提及的"危机公关中的竞争力本质上是时间维度的竞争力"，本书使用"时间"维度来贯穿"空间"与"行动"，进而展开论述立体坐标系危机方法论。

下文将从微观和宏观两个维度展开论述，微观主要指细节层面的危机公关文字统筹工作，即对危机公关道歉信等文章"一花一世界"的处理，宏观主要指危机公关项目的统筹工作。

立体坐标系微观维度

在危机公关中，当立体坐标系用于统筹微观层面的步调时，文字是其重点工作对象，如果能掌握好危机公关文章的脉络，便掌握了在微观上如何实践立体坐标系。站在实践角度，通过最大公约数等方法找出来的文字，需要用危机公关文章脉络加以统筹，而文章脉络可通过立体坐标系的交叉验证加以对照。

这一过程正符合"看山是山，看山不是山，看山还是山"，可对应"危机公关文章就是危机公关文章，把危机公关文章复杂化以实现体系化，危机公关文章还是危机公关文章"。

为了方便读者理解，下面先介绍一下 2020 年 4 月的海底捞案例，读者可以边看案例边总结脉络。

网络公开消息显示，新浪财经在 2020 年 4 月 7 日发起了关于"是否还会选择涨价后的海底捞"的问卷调查，结果显示，在参与问卷调查的约 3.2 万人中有约 2.6 万人表示不会选择海底捞，仅有 2 000 多人表示还会去海底捞消费。在此背景下，海底捞以道歉信的形式呈现了危机公关文章。

亲爱的顾客：

您好！

海底捞中国内地门店复业之后，于3月下旬上调部分菜品价格，之后我们陆续接到来自顾客及社会各界的批评、反馈和建议。谨在此检讨如下：

1. 此次涨价是公司管理层的错误决策，伤害了海底捞顾客的利益，对此我们深感抱歉。公司决定，自即时起，所有门店的菜品价格恢复到2020年1月26日门店停业前的标准。

2. 海底捞各地门店实行差异化定价，综合考虑门店所在地的经营成本、消费水平、市场环境等因素，每家门店之间的菜品价格会存在一些差异。

3. 海底捞各地门店推出的自提业务，目前提供六九折或七九折不等的折扣。我们将在4月25日前改良包装材料，并持续优化成本，希望顾客能够满意。

再次向因此次错误受到伤害的消费者和社会各界表示诚挚的歉意！

海底捞火锅

4月10日

关于这封道歉信，可以将其分成四个部分。

第一部分：

微观文章"立体坐标系"时间维度第一顺位，要考虑受众最先读什么；对应到空间维度，则是道歉信的开头部分；再将时间与空间对应到行动维度上，是在危机公关文章中对事情的起因有交待，可重点关注"起因"这个词。

第二部分：

时间维度第二顺位；对应到空间维度，主要指标记为序号 1 的自然段；再对应到行动维度上，是在危机公关文章中接纳受众关切，可重点关注"承接"这个词。

第三部分：

时间维度第三顺位；对应到空间维度，主要指标记为序号 2 的自然段；再对应到行动维度上，是在危机公关文章中对相关问题的态度有转变，可重点关注"转变"这个词。

第四部分：

时间维度第四顺位；对应到空间维度，主要指标记为序号 3 的自然段；再对应到行动维度上，是在危机公关文章中对塑造美好有落实，可重点关注"合意"这个词。

通过这四部分的分析，读者可以从中总结危机公关文章的规律：

"立体坐标系"理念在微观世界中的行为变迁基本符合文学中"起承转合"技巧中的逻辑，这一解读有助于加深记忆。但需注意，危机公关文章既脱胎于文学，又与其相矛盾，一定不能舍本逐末，为了追求文笔美而忘记了危机公关的初衷。

另外，本书在第二章曾介绍借助最大公约数挖掘素材、立场、观点、情绪四要素，如何在文章微观世界的立体坐标系中穿插布局这四要素，可以在多数场景中参考"起承转合"。

下附另外一份被受众认可的海底捞的道歉信，读者可以自行感受其中的"起承转合"。

> 关于海底捞火锅北京劲松店、北京太阳宫店事件的致歉信
>
> 尊敬的顾客朋友：
>
> 您好！
>
> 今天有媒体报道我公司北京劲松店、北京太阳宫店后厨出现老鼠，餐具清洗、使用及下水道疏通等存在卫生安全隐患等问题，经公司调查，认为媒体报道中披露的问题属实。卫生问题是我们最关注的事情，每个月我公司也都会处理类似的食品卫生安全事件，该类事件的处理结果也会公告于众。无论如何，对于此类事件的发生，我们十分愧疚，在此向各位顾客朋友表示诚挚的歉意。
>
> 各位顾客及媒体朋友可以通过海底捞官方网站（www.haidilao.com）上的"关于我们—食品安全—公告信息"或海底捞微信公众号（ID：haidilaohotpot）"更多—关于我们—食品安全—管理公告"查询我们以往对于该类事件的处理结果。
>
> 这次海底捞出现老鼠，以及暴露出来的其他在卫生清洁方面的问题，都让我们感到非常难过和痛心。今天，媒体的

朋友也为我们提供了照片，这让我们十分惭愧和自责，我们感谢媒体和顾客帮助我们发现了这些问题。

我们感谢媒体和公众对于海底捞火锅的监督并指出了我们在工作上的漏洞，这暴露出我们的管理出现了问题。我们愿意承担相应的经济责任和法律责任，但我们也有信心尽快杜绝这些问题的发生。我们也已经着手对海底捞所有门店进行整改，后续会公布整改方案，也希望所有的媒体和支持海底捞的顾客监督我们的工作。

再次感谢社会各界对海底捞的关心与监督。

四川海底捞餐饮管理有限公司

2017 年 8 月 25 日

立体坐标系宏观维度

具体而言，危机公关宏观层面的时间维度，与日常传播策略的底层逻辑一致，但在形式上存在时间性、完整性、主观能动性三个方面的不同。

时间性上，日常传播沟通策略在时间维度上同样可划分为不同的顺位阶段，虽有变化但在一定程度上可以按照计划中的节奏逐步推进；而危机公关项目的紧迫程度通常会大于日常传播策略。

完整性上，与时间维度上的顺位阶段相对应，日常传播沟通策略在行动维度上通常可以划分为预热、造势、主推、收尾等相对完整的流程环节，这与企业生命周期的初创、成长、成熟、衰退等阶段有相似性；而危机公关往往并非如此，比如预热环节通常已被"代劳"。

主观能动性上，日常传播沟通策略在准确洞察内外部环境的基础上，可以作出相对危机公关而言更能发挥主观能动性的行动，带有一些话题作文的色彩；而危机公关更像戴着镣铐跳舞，相对日常传播沟通策略更强调在约束条件下的传播沟通管理能力，具有一些命题作文的色彩。

下面将根据宏观层面时间维度的顺位阶段，分别介绍如何对危机公关项目中的行动维度和空间维度进行统筹。在了解危机公关之前，可先掌握日常传播沟通项目再进行过渡。

第一部分

日常传播沟通项目时间维度第一顺位阶段，在行动维度上对应预热工作，在空间维度上对应如何选择合适的传播渠道。

关于行动维度：

第一顺位阶段释放多少信息量，是行动维度上预热的关键。如何安排好各个阶段间的信息量配比，是一个贯穿传播始终的话题。其中的逻辑在一定程度上可以参考美国广告学家刘易斯提出的 AIDMA 模型（A（attention，引起注意），I（interest，引起兴趣），D（desire，唤起欲望），M（memory，留下记忆），A（action，购买行动））。

一般情况下，危机公关预热环节已被"代劳"，但仍需关注信息量方面的处理工作，主要经验如下：

以实现目标传播沟通效果为首要任务，保证内容中既有核心信息也有辅助信息，从而实现内容体系的完整性，但应避免辅助信息的干扰。具体而言，就是既需要鲜花也需要绿叶，且绿叶不能盖住鲜花。

本书曾提到全棉时代的"广告式道歉"中道歉内容较短，主要是在回顾企业的创办历程，达芬奇案例中"潘庄秀华声泪俱下讲述自己的创业史"等，均出现了过载的广告信息或者情绪信息等无效信息，且为风暴中的企业带来了更多负面影响。

关于空间维度：

在日常传播沟通的空间维度方面，主要关注如何选择传播渠道，此处可暂时使用狭义上的传播渠道即特指媒体和自媒体。关于如何选择传播渠道，核心思路在于完成传播主体与传播渠道的匹配工作。对此，可从如下三个方面着手。

首先，参考真实性、时新性、重要性、接近性、显著性和趣味性等新闻界公认的新闻价值六要素，来判断围绕企业发生的事件应该与什么类型的媒体或者自媒体沟通，比如是全国性的还是区域性的，综合性的还是垂直类的，等等。

其次，需要考虑事件的内容调性，来判断应该与哪些媒体进行沟通。"调性"这个词看上去比较虚，但可以通过形象化的词语加以理解，比如有些媒体是严肃的，有些媒体是轻松的，有些媒体是温暖的，简言之，可以使用"风格化"一词对内容调性进行简化理解。

最后，需要根据事件的内容题材，来判断应该与媒体的哪个版面或者哪个频道进行沟通，它们通常都有自己的题材范围，即有些事情会报道，有些事情不会报道。例如一些媒体有上市公司版、行业版或者人物版，自媒体通常会聚焦于某一细分领域，因此也是同理。

对于危机公关而言，在选择传播渠道时，同样需要关注传播价值、内容调性、内容题材三个方面蕴含的逻辑。

比如第三章介绍"危机企业的正面新闻"时，提到了 A 公司的案例，关于为什么会选择与《新京报》《财新周刊》等媒体进行沟通，便可以按照上述三个视角进行初步分析。

第二部分

日常传播沟通项目时间维度第二顺位阶段，在行动维度上对应造势工作，在空间维度上对应如何扩充合适的传播渠道。

关于行动维度：

在行动维度上的造势，主要围绕此前的预热信息做内容上的延展以及舆论体量上的扩充，避免失去预热阶段获得的注意力。

这一阶段危机公关的理想状态是，无须追求舆论体量的过度扩充，而是将危机公关的信息直达能影响危机以及受危机影响的受众。但是理想状态通常是危机公关追求的方向，难以百分之百恰好实现，对此，通常可采取如下两个思路：

第一种思路，对关注危机的受众的触媒习惯作出分析预判。比如在做资本市场尤其是上市公司危机公关或者投资者关系时，除了要关注主流财经媒体之外，一些股吧中的舆论同样值得关注。

第二种思路，如果无法对目标受众的触媒习惯进行精准把控，那么可在提高危机公关内容水准的同时，根据最大公约数逻辑调整内容的普适性。例如，有些公共关系文稿如果非常有洞见，通常能够获得高度关注内容质量的权威媒体的转载，将这些洞见与此前根据最大公约数逻辑得出的主体内容加以融合并进行适当增减，同样能够获得很好的传播沟通效果。

如果危机公关文稿因为有洞见被更多媒体转载，是不是与不用追求舆论体量的过度扩充，而是将危机公关的信息直达关注危机的受众的经验相冲突？此时需要注意"无法对目标受众的触媒习惯进行精准把控"的前提条件以及"将这些洞见与此前根据最大公约数逻辑得出的主体内容加以融合并进行适当增减"的处理方式，即使危机公关文稿获得了更多的传播，也会利大于弊。

基于此，我们再把之前提到的两个案例放在一起呈现，以方便读者理解：

> 2018 年碧桂园接连发生工程事故，在媒体沟通会上，碧桂园非但没能平息舆论，碧桂园主席杨国强的"天底下最笨的人"等语言反而引发了更多热议。这些语言表达在一定程度上等同于碧桂园的危机公关文章。
>
> 2017 年海底捞《关于海底捞火锅北京劲松店、北京太阳

宫店事件的致歉信》，同样获得了高度关注但赢得了更多谅解。毋庸置疑，这封致歉信可以视为海底捞的危机公关文章。

在第三章关于平面坐标系的内容中，曾探讨对于普通企业而言，围绕危机公关职能进行专门定岗、定编、定员，从投资回报角度来看不一定非常明智，但是对于大型企业或者被危机"伤害"过的企业来说另当别论。

根据猎云网发布的《海底捞道歉已成套路》一文中提到的数据，"在海底捞官方微博中，不难发现，海底捞公布的'致歉信'已有数十封"。由此可知，从某种程度上来说，危机公关似乎成为海底捞与消费者之间的常态化沟通传播机制，这种情况与海底捞是经营 to C 业务的大型企业也有一定关系。

如果企业存在类似于海底捞的现象，则可考虑在企业内部对危机公关定岗、定编、定员，甚至还可以考虑加强培养此类员工的危机公关技能，从而提高该技能的资产专用性，进而提高工作效率效果。

也有部分企业在内设危机公关人员岗位的情况下，考虑到内部危机公关人员"当局者迷"的问题，会在危机公关项目中启用外部顾问去补足第三方客观视角。

关于空间维度：

了解造势之后再来分析传播渠道。之前曾介绍狭义上的传播渠道主要特指媒体或者自媒体，除此之外，微信群聊、邮件群发、商务会议、线下活动等多种形式均可在一定程度上视为广义上的危机公关传播渠道。

换个角度来理解，即在参考"媒介即人的延伸"做纵向延伸思考时，关于传播渠道则可以做横向宽度思考。

站在危机公关的视角，有大量由内部会议录音泄露或者内部知情人士举报材料所引起的企业危机或个人危机。下面来看一下2021年2月初，德勤北京一组员工的举报事件，此处主要呈现《证券时报》在百度百家号上对事件的梳理①：

> 4日晚间，网传德勤北京一组的员工将一份50多页的PPT文件群发公司邮件，举报了4年工作期间该所不合规的种种事项，内容还牵扯到三家上市公司。
>
> 5日德勤发布声明指出，本所先前收到一名员工通过内部渠道报告的相关事项，并且已对此开展全面调查，未发现任何证据影响我们审计工作的充分性，因此相关审计工作支持我们的审计意见。我们会对收到的任何质疑进行调查。
>
> 德勤还表示，对于传播德勤相关虚假信息的行为，保留采取法律行动的权利。

此次举报事件的影响不仅仅局限在舆论领域，下面再来看一

---

① 员工55页PPT举报审计违规，涉三家上市公司，德勤紧急回应，证监会也有发声．（2021-02-06）．https://baijiahao.baidu.com/s?id=16908737999691631419&wfr=spider&for=pc.

下《经济日报》中国经济网北京 2 月 5 日讯。[①]

> 今日，证监会举行例行新闻发布会。针对德勤员工内部举报事件，证监会新闻发言人高莉表示，证监会已关注到相关信息，地方证监局也接到了有关举报，目前已经安排对举报事项进行核查，也要求相关机构内部自查，后续情况将持续跟进。

此次举报事件已经引起了监管层的关注，这种情况加深了该事件对德勤的影响程度。正如前文曾提及"危机公关以及危机公关所属的公共关系，均需要回到联动的逻辑框架中"，对于此次事件，不能孤立地去看舆论，还应该站在监管层角度、客户角度加以分析。

中新经纬的文章显示，据《21 世纪经济报道》梳理，近几年，德勤在国外已有多起被罚记录。2020 年 9 月，英国审计监管机构宣布对德勤处以创纪录的 1 500 万英镑（折合人民币约 1.3 亿元）的罚款，因为它对被惠普收购的软件公司 Autonomy 的审计工作存在"严重和连续的失误"。2018 年，美国司法部宣布，德勤美国已同意支付 1.495 亿美元来避免由于 Taylor Bean & Whitaker（TBW，破产前曾是美国第十二大抵押贷款公司）审计失败而遭受司法部指控。

第三部分

日常传播沟通项目时间维度第三顺位阶段，在行动维度上对

---

① 蒋柠潞. 证监会回应德勤内部举报事件：已安排核查. (2021-02-05). https://baijiahao.baidu.com/s?id=16908528897095789678wfr=spider&for=pc.

应主推工作，在空间维度上对应最大化合适的传播渠道。

　　具体而言，关于行动维度，需要做好内容上的延展以及舆论体量上的扩充，并且达到本次传播的高点；关于空间维度，需要做好传播渠道覆盖量的最大化。但是，站在危机公关视角，达到相对理想的状态无须追求舆论体量的过度扩充，而是将危机公关的信息直达关注危机的受众，这与前文所述相似。

　　第四部分

　　日常传播沟通项目时间维度第四顺位阶段，在行动维度上对应收尾工作，在空间维度上仍对应如何选择合适的传播渠道。

　　在第四顺位阶段，有一些细节需要注意。

　　关于空间维度的传播渠道选择，应倾向于选择更具权威性的媒体，从而与行动维度上的收尾工作中的"总结性内容"相对应。关于总结性内容，一般需要在舆论中传递企业方对整个传播事件的定性。

　　比如我在 2019 年 5 月搜狐财经的约稿中，曾经围绕迈瑞医疗董事会秘书在股东会上所言"你们散户""今天有好多股东，只有 100 股，也来参加股东大会，不知是何居心"引发的热门事件，进行过评论。因为当时舆论已经强烈批评了迈瑞医疗董事会秘书的说辞，且本人无意讨论迈瑞医疗，所以选了新视角，这篇文章的风格具备"总结性内容"的特征，文章的首段内容如下所示[①]：

　　① 李允洲. 投资者权益保护，应从迈瑞医疗尊重"散户"股东开始. （2019 - 05 - 16）. https://www.sohu.com/a/314298716_100001551.

迈瑞医疗董秘"你们散户"的论调，捅破了上市公司治理的"窗户纸"。此刻应该跳出对迈瑞医疗董秘的口诛笔伐，立于公共事件的视角，重新审视上市公司治理的逻辑。

这篇文章属于门户网站约稿，视角相对公允。

接下来，继续围绕海底捞涨价风波分析事情进展，以方便读者更好地理解危机公关。比如《中国商报》在 2020 年 4 月 10 日对海底捞调价事件作了跟踪报道[①]：

《中国商报》记者看到，部分海底捞的忠实用户群对调价行为表示赞赏——"这才是我认识的那个顾客至上的海底捞""好的，原谅你了（向火锅低下了头）""态度好，还是会一如既往地支持！关键是服务好又好吃"。

另外，这篇报道在结尾处写道：

此次道歉，或显示了海底捞一切仍以消费者为核心的决心。宣布调回原价的海底捞，你还会去吃吗？

关于此危机案例中的内容，存在两种可能。第一种可能，该内容是公共关系通稿，那么可以将该内容视为前文提到的收尾工作中的总结性内容；第二种可能，该内容不是公共关系文稿，那么就是海底捞足够幸运，有媒体自愿发表有利于海底捞的总结性

---

① 贺阳. 海底捞就涨价道歉所有菜品调回原价. (2020-04-10). https://baijiahao.baidu.com/s?id=1663588965981293613&wfr=spider&for=pc.

评论，对于其他处于危机中的企业方而言，如果没有遇到此类资源行为，可以考虑留出一部分预算来做好总结性内容。

第二章介绍 2019 年某并购类危机公关案例时，曾提到 B 公司的相关通稿认为，"A 公司年报及相关议案属于'涉险通过'"。为此，顾问方鼓励 A 公司向社会发出自己的声音，即使声量不大也要总结相关数据，以展现中小股东在股东大会上对 A 公司的支持。这便是关于 A 公司总结性内容的工作，因为中小股东的支持体现了人心向背，关于争议的真相便一切尽在不言中。

3. 关于"立体坐标系"的延展思考

隐藏在立体坐标系深处的是对项目进行统筹的能力。

在前文中，为了更好地解读危机公关，将危机公关拆成了时间、空间、行动三个维度，以方便读者直观地感受如何统筹危机公关项目，通过这一过程将危机公关项目统筹"复杂化"。接下来将解析时间、空间、行动三个维度的综合运用，即将已经"复杂化"的危机公关项目统筹过程进行"简单化"。

经历这样两个过程，有助于读者真正掌握危机公关中统筹项目的能力，同时也有助于读者在危机公关以外的领域运用这种统筹能力。

将"立体坐标系"进行具象化

对危机公关立体坐标系进行具象化的关键在于从细节抓起。

在日常工作场景中绘制表格时，表格通常有横向的表头，也有纵向的表头，还有可供填写内容的单元格。如果将危机公关立体坐标系填进表格里，整体项目的统筹就会变得清晰明了。

在此情况下，横向表头是危机公关项目的不同时间阶段，纵向表头是危机公关项目的不同渠道，在单元格里填写的是危机公关行动，这种对危机公关进行表格化管理的方法在一定程度上便是危机公关项目统筹能力的具体体现。

如果将项目统筹能力进一步发散，即在了解了立体坐标系的逻辑之后，可以采取比表格法更简洁的方法。例如不绘制表格，而是直接将危机公关拆分为第一阶段、第二阶段等，之后再分别在各个阶段内展开关于渠道选择以及行为策略方面的相关陈述。这样的处理方式同样也是项目统筹能力的体现。

这些细节，包括最初导入立体坐标系理念，都是为了避免包括"抢位失误"与"自相矛盾"在内的危机公关步调出错，前者包括没抢和抢错，后者包括"前言不搭后语"式的前后矛盾与在不同渠道中"各说各话"式的相互矛盾。如果在项目管理上建立了良好的统筹能力，比如在执行过程中把握立体坐标系理念，对不同时间和不同渠道中的行动进行统一管理等，这些出错现象自然迎刃而解。

"立体坐标系"的两种落地方式

不同的人将统筹能力进行落地的方式不同，需要读者结合自身的具体情况，去匹配相应的落地思路。

本书基于实践经验总结出危机公关战略管理方法论，即以战略管理为主导的危机公关方法论：借助战略模型思维方式洞察危机，进而指导危机公关系统化运行，实现效果和效率的提升。危机公关战略模型是应对危机的一种深层思维方式，用来分析危机和有针对性地解决危机，从而避免公关效果上的不深入和行动上的不经济。

除了危机公关战略管理方法论以外，本书还认同另外一种方法论，即以关系管理为主导的危机公关方法论。这两种危机公关打法共同构成了危机公关"管理的观点"，即危机公关管理流派。

如果继续寻求学术上的框架，通过胡百精教授的总结可知，与"管理的观点"（即管理流派）并行的体系是"传播的观点"（即传播流派）。

现在回到危机公关实践层面。

关于以关系管理为主导和以战略管理为主导的两种危机公关打法，在具体运用中，可以混合出现而并非彼此互斥。即使选择了危机公关战略管理方法论，也不能拒媒体于千里之外，拒媒体于千里之外通常是不愿认清现实的弱者思维。

对于企业而言，如何在这两种危机公关打法中作出选择，要依据危机公关的团队优势属于哪一方面或者是两者并重。比如既要考虑企业方危机公关主要负责人在"算力"方面是否具有足够潜力，也要考虑企业方各部门在"最大公约数"上的协作能力是否足以支撑企业进行烧脑的战略管理主导式运作。比如，既要考虑企业的社会影响力能否支持企业获得足够的发声机会，也要考虑企业的财务预算等要素能否足以支撑企业进行高规格的关系管理主导式运作。

战略管理主导特征较为明显的案例

比如在前文列举的 A 公司和 B 公司作为对垒双方的事件中，顾问方对未来时点的舆论走势作出预判，并且撰写防御型导向的文案材料，便属于战略管理主导特征较为明显的打法。其核心在于根据时间维度和空间维度的变迁，对行动维度进行战略管理，比如在什么时间于什么渠道中展现什么样的行动或者释放什么样的信息等等，实际操作并未脱离立体坐标系理念及危机公关的表格化管理。

关系管理主导特征较为明显的案例

可以了解一下贵州茅台的公共关系行动。需要事先提醒的是，在阅读时不要先入为主地认为以关系管理为主导特征的公共关系仅仅是谈笑风生而已，这种打法对于人的综合素质要求同样很高，并且工作强度也不低。

先来了解一下案例背景，《证券市场红周刊》在 2019 年 6 月 1 日对贵州茅台当时的情况进行了跟踪①：

> 贵州茅台刚刚结束了 A 股历史上人数最多的股东大会。茅台公司之所以备受关注，不仅因其股价再创新高，还在于最近出现的集团公司成立营销子公司的事件和其可能对贵州

---

① 李健. 中小股东不高兴 茅台迎来成长的烦恼. (2019－06－04). http://static. hongzhoukan. com/19/0603/cyc112349. html.

茅台基本面形成的潜在不利影响。

关注茅台的每一个动作，例如其在股东大会上减去了唱票环节，以及截至 5 月 31 日，连续 19 个交易日没有回复上交所的《工作函》这些细节，令市场担心会对公司的品牌美誉度产生不利影响。

这些情况构成了贵州茅台当时处境的主要背景，贵州茅台也基于这些实际情况采取了一系列公共关系行动。此外，贵州茅台在 2019 年 6 月期间的公共关系行动策略较为透明，属于比较值得关注的案例。

本书在分析该案例时，会大量引用贵州茅台时任董事长李保芳的发言内容。有一些人可能不太喜欢该董事长的表达方式，但实际上此类谈话需要一些功底，读者可以借阅读案例的机会，来感受一下他的讲话策略。

首先来看贵州茅台官微（新浪微博）在 2019 年 6 月 4 日 13：12 发布的头条文章：

6 月 3 日，茅台集团党委书记、董事长李保芳，党委副书记王焱，副总经理李静仁到人民日报社交流拜访。

李保芳表示，"此次茅台专程来京拜访主流媒体，人民日报社是第一站。"他从四个方面梳理了"走出来"的初衷：

首先是感谢，茅台的品牌影响力、社会影响力、国内外的声誉离不开人民日报社的关心、支持与帮助，茅台对此表

示衷心感谢;

其次是跨界学习,无论是企业还是媒体,在发展理念和管理思路上都存在共性,"中央厨房"的实质就是高效、高质融合,通过跨界学习、相互借鉴来拓宽思路、提质增效;

三是加强交流,茅台与人民日报社的合作不同于一般层面上的业务合作,我们始终把媒体视为企业发展的战略资源,人民日报社是茅台重要的战略伙伴;

四是寻求更广泛的合作,特别是随着移动互联网的普及,包括人民网在内的社属媒体将为双方合作交流拓展更大空间。

接着来看贵州茅台官微(新浪微博)在 2019 年 6 月 4 日 14:28 发布的头条文章:

6 月 3 日,茅台集团党委书记、董事长、总经理李保芳,党委副书记王焱,副总经理李静仁拜访新华通讯社。

李保芳首先对新华社长期以来给予茅台的支持、关心和帮助表示诚挚感谢。他说,茅台品牌取得今天的成功,新华社长期以来的宣传推介功不可没,茅台始终把新华社作为重要的战略资源。

"一直以来我都认真阅览《瞭望》《半月谈》《新华每日电讯》《经济参考报》等,关注新华网、新华客户端,从中得到诸多启发。"李保芳说,跨界融合是当今的潮流,我们此行主要是抱着学习的态度,通过学习,开阔视野,把新华社先进的理念运用到茅台的经营管理之中，推动茅台在更大的领域和空间高质量发展。

接着再看一下网易财经于 2019 年 6 月 5 日发布的内容①：

6 月 4 日，茅台集团党委书记、董事长、总经理李保芳带队到网易传媒集团总部访问。

"来到网易，能感觉到扑面而来的青春和活力。"李保芳高兴地说，近几年茅台和网易的交流明显增多，感情不断加深，网易对于茅台的品牌塑造、科学决策、稳健发展，有着不可估量的作用。

"网易和茅台的关系，绝不仅仅是商业关系和利益往来，而是一种特殊的社会责任关系，是一个特殊的'战略共同体'"，李保芳认为，良好的舆论环境对茅台成长是至关重要的，网易在茅台发展中有着重要的战略地位，是宝贵的战略资源和重要的战略伙伴。

最后再看一下凤凰财经于 2019 年 6 月 5 日发布的内容②：

6 月 5 日，茅台集团党委书记、董事长、总经理李保芳率队到访凤凰。

① 陈俊宏. 李保芳率队到访网易．（2019 - 06 - 05）. https://www. 163. com/money/article/EGTBO6AB00259509. html.
② 王玮. 茅台李保芳一行到访凤凰集团，梦之桥上共凭栏．（2019 - 06 - 05）. https://jiu. ifeng. com/c/7nG3pjEk0C8.

李保芳认为今天的访问具有特别的意义，对参观路线也高度认可。他认为，茅台和凤凰的合作一直很愉快，凤凰在茅台的发展史上是十分重要的合作伙伴，凤凰将茅台介绍给了全球，也扩大了茅台在全国的影响。

李保芳透露凤凰是自己每天必看的媒体之一。来得快、观点新、内容宽等特点，让凤凰脱颖而出，成为与众不同的媒体。

这些行动属于贵州茅台当时公共关系中浮出海平面以上的"冰山"部分，读者可以借此见微知著。

基于本章立体坐标系的理念，去分析这个案例中的企业如何统筹项目时，需要借鉴案例中的行程安排、媒体选择技巧，这可以看作时间与空间维度的具体落地，再了解一下案例中贵州茅台董事长是如何沟通的，这可以看作行动维度的具体体现。

更多细节层面的内容，可以用日常知识对危机公关予以分析，而无须逐一展开。比如围绕该案例，除了本书罗列出的部分媒体以外，茅台还拜访了哪些媒体；比如茅台官微作为主体发布内容时的措辞，用的是"拜访"媒体，而媒体作为主体发布内容时的措辞，用的是茅台董事长"到访"等。

需要注意的是，在学习危机公关时，为了提升学习效果，可以作出以关系管理为主导和以战略管理为主导的划分，但在实践危机公关时，核心目的在于解决企业燃眉之急而不是用条条框框限制自己。

接着媒体关系话题探讨如何处理舆情监测

关于舆情监测，常规方法是借助分析软件或者手工搜索关键词对舆情予以跟踪。当对搜集到的舆情进行整理时，可以对具体内容比如某一篇新闻进行不同维度的归纳，比如根据文章标题、发布时间、性质（即对企业产生正面影响或者负面影响）进行分类，一般以表格的形式来呈现。

根据上述维度进行梳理后，危机主体可以对危机舆论有一些感知，但更多处于宏观层面，比如根据支持自身的或者批判自身的大概比例来判断舆论的潜在走向，通过媒体跟踪报道数量判断舆论的发酵程度，等等。但这在一定程度上需要依靠危机公关顾问的经验，即危机公关顾问除了看舆论分析报告以外，还需要亲自浏览舆论以提高判断危机的准确性。

除了危机公关的经验积累以外，还有哪些技巧要点可供借鉴？

具体而言，在进行舆情监测时，可在前述维度的基础上再增加一些维度或者留意一些维度。比如留意新增权威媒体报道及转载、权威自媒体跟踪及转载、内容阅读量是否较大等维度。当然也有例外情况，比如本书在第七章中会列举一家企业，受某篇阅读量不大的自媒体文章的影响，导致资金链吃紧。

根据权威媒体、阅读量等指标去筛选核心文章进行内容分析的方法在一定程度上符合最大公约数视角。这些权威媒体所跟踪及转载的核心内容在一定程度上便是危机公关需要关注的最大公约数。

关于阅读量大的内容能够在一定程度上反映出最大公约数的逻辑一目了然，关于"权威"二字需要稍做解释。

从某种角度来说，"权威"二字的形成本就具有最大公约数的属性，对于媒体而言更是如此。例如，权威媒体的声音会吸引官方和非官方的关注，那么这家权威媒体在一定程度上就是官方与非官方间的最大公约数。

总体而言，舆情监测并不需要制定详细标准而应以实用为导向，因为危机公关具有"关键时刻"的紧迫性。很多危机公关顾问即使手上有舆情专员的舆情报告，也会自己手动检索一遍新闻，这样做虽然会占用些许时间，但是有助于加深印象。

第五章

拿"三角形"校准公关执行的方向

南辕北辙一般代表战略方向上的重大失误，正确的危机公关需要正确的方向，为此，本章引入危机公关"三角形"工具，通过三角形三条边的动态变化，帮助读者掌握如何在危机公关中朝着正确的方向发力。

1. 为什么高手会发挥失常？

关于危机公关有一个值得关注的现象，企业家和职业经理人以及专业人士在危机公关中"摔跟头"的现象并非个例，有很多公开的企业危机都印证了这种情况，甚至有些危机还进一步带来了不利后果，但这些危机当事人通常能力较强，理论上不该出现这么多失误。

2018 年碧桂园接连发生工程事故，使其陷入舆论漩涡。

在 8 月 3 日的媒体沟通会上，碧桂园主席杨国强曾作答："我多年前就说了，未来我的钱越多，我亏得越大。因为我花掉的钱是我的钱，我死了以后钱也不是我的。我每天都在忙，为了社会做的更好而忙，你觉得我是不是最笨，我也搞不清楚天底下最笨的人。是啊，我真的是天底下最笨的人了。"

此次媒体沟通会上，碧桂园非但没能平息舆论，"天底下最笨的人"等言论反而引发了更多热议。

如果对碧桂园 2018 年当年的损失进行估算，可以结合危机公关战略投资视角的思维，初步关注碧桂园在如下五个方面有无损失：危机带来的无形压力、由此产生的品牌损失、受此牵连的市值波动、危机造成的应增而未增销售、受此影响的融资成本变化。简单来看，可以将危机公关的投资回报比视为危机公关的投入成本与因为危机公关而避免的危机损失额之比。

危机对企业具有巨大影响已经成为共识，读者此时难免会对"理想"与"现实"的冲突表示困惑。

理想状态下，企业家和职业经理人以及专业人士通常都具备杰出的能力与丰富的管理经验，而且拥有庞大的智囊团，在面对危机时应该尽全力做好且有能力做好。但是，在现实中，为什么这些优秀的人会在面对危机的时候经常发挥失常？

这是危机公关需要重点弄清楚的问题，因为对于危机公关这类具备特殊性的项目而言，领会到问题本质所在后才能着手解决问题，这在某种程度上类似于古希腊哲学家伊壁鸠鲁"认识错误是拯救自己的第一步"的说法。

高手发挥失常与危机公关人员没能说服或没有说服决策层有关

对此加以分析，并非意图在甲方与乙方、上级与下级中分出是非对错，而是因为只有弄清楚问题所在，才有助于危机主体比如企业或个人去解决危机难题。

因此，面对高手发挥失常这一问题，本书将从几个不同的维度来深入解读，以争取让正确的声音被企业家、高管等决策层听到，或者至少在决策层潜意识里留下印象，从而方便后续工作的开展。

关于"没能说服"所导致的问题，落脚点在于从危机公关人员视角出发进行探讨；关于"没有说服"所导致的问题，落脚点在于从企业家与决策层视角出发进行探讨。

"没能说服"方面

公共关系人员通常不一定具备企业战略管理能力，这会影响公共关系人员与企业家、高管等决策层进行深度对话的效果，进而干扰其与企业高层之间建立信任，并导致"没能说服"。因此，对于公共关系人员而言，是否选择在自身专业领域之外培育战略管理能力，是一个答案很明显的判断题。

但是，这是一把双刃剑。站在企业视角，如果企业要求公共关系人员既专业同时又具备战略管理能力，就会增加用人成本，比如对现有员工进行培训或招聘新人或聘请外部机构等等，都需要财务支出。

对于企业外部的公共关系人员即危机公关顾问而言，情况更加复杂。

例如，危机公关顾问得知某家企业遇到了问题并选择主动上门，企业方有可能会因为危机公关顾问的主动而心存戒备，这个情况有些像《扁鹊见蔡桓公》的故事，也像《阿房宫赋》里所说的"后人哀之而不鉴之，亦使后人而复哀后人也"。

因此，不同于其他类型的项目，对于危机公关类项目而言，我个人一般比较认可"医不叩门"的道理，但常年危机预警管理项目除外，因为在这种情况下双方已经建立了"叩门"的契约。

此外，关于"没能说服"还有一个经常被人忽视的原因，如果"没有说服"的因素过多，也会导致有能力说服的公共关系人员出现"没能说服"的情况，部分情况还会存在温水煮青蛙导致公共关系人员能力退化的可能性。

"没有说服"方面

这方面的因素要复杂一些。对"没有说服"的原因进行归纳分析，可分为客观与主观两大方面。

客观上有两个主要原因：

首先，公共关系部门或者其他承担公共关系职能的人员，在组织内被放在边缘位置，这样的组织架构导致公共关系人员难以掌握充足的信息，进而影响危机公关的处理效果。因此，需要特别注意的是，因为公共关系人员和外部顾问机构掌握的信息量不如企业家和决策层充足，所以公共关系人员和外部顾问机构基于其掌握的信息所作出的决策不一定正确，决策层仍需综合判断。

　　其次，决策层的长处中不一定包括危机公关，这也容易引起"没有（被）说服"。**但是，有长处的人将其长处中的逻辑加以研究和发散思考，就能发挥"一法通则万法通"的价值。**比如企业家或职业经理人往往在洞察力方面具备独特的优势，因此可借助此优势去提升对关键时刻传播沟通的理解力。

　　正如前述章节提到的关于并购危机的案例中，A公司总经理就如何接受采访演练后仅实战了一次，便能从容地作出得体的回答。

　　主观上的原因也可以分为两个：

　　一个主观原因是，企业家或职业经理人对危机公关存有一些侥幸心理，临时抱佛脚的情况时有发生。这一现象不难理解，所以不再展开。

　　另一个主观原因非常重要，即权力影响下的冲动。这虽然属于人之常情，但对危机公关却经常形成重大阻碍。

　　什么是权力影响下的冲动？企业家、高管等决策层通常都是在事业或者职场上具有话语权的成功人士，但是伴随着话语权的提升也会带来潜在的负面影响。比如加州大学伯克利分校心理学教授达彻尔·凯尔特纳的研究发现，权力影响下的被试者往往会更加冲动，也更加不善于从别人的视角去观察事物。

　　这类情况在危机加压的背景下更易出现，直接影响决策者作出科学的危机公关应对措施，对于职业经理人和专业人士而言，如何更有效地提出建议也更加困难。

例如，2020 年 8 月末至 9 月初关于乐歌股份的热门事件，此处呈现一下《21 世纪经济报道》对事件主要节点的跟踪。[①] 因为该报道原文较长，本书提取起因、过程、结果三个阶段的关键信息，简单介绍一下案例。

事情缘于 8 月 29 日，乐歌股份董事长项乐宏的一条朋友圈：乐歌不欢迎平安资管的基金经理来公司投资。年轻人功课不做，老三老四……

乐歌股份董事长项乐宏的这条朋友圈引起了轩然大波，朋友圈中提及的当事人当即进行了回应。

8 月 30 日，平安资管投资经理张良在朋友圈回应，8 月 28 日去过现场调研，不存在所谓"没有来过乐歌一次调研"。张良表示，8 月 29 日线上调研时问了两个问题，大概问题特别冒昧，董事长摔门而出，该问的问题下次还会问。

8 月 30 日晚，乐歌董事长项乐宏发长文讲述调研过程。项乐宏表示，平安资管方面未开摄像头、公司高管提问无准备。同时，他表示，在沟通中，他指出对方根本没做功课时，平安资管人士当场表示不认可乐歌方面的讲话，出现了不愉快。项乐宏也反思，应该把公司的介绍内容做得更形象、更容易理解。

---

① 庞华玮. 乐歌董事长朋友圈喊话"有人发死亡威胁". (2020 - 09 - 01). https://baijiahao. baidu. com/s?id=1676641923940445443&wfr=spider&for=pc.

关于双方隔空喊话的后续结果。

> 今天（9月1日），乐歌股份暴跌 15.98%，市值跌去 12
> 亿元。对此，一位投资界人士表示，"今天市场大跌 16%，
> 市场可能怀疑乐歌股份有炒作的嫌疑，所以市场给出了一个
> 负面的评价。"另外，乐歌股份董事长项乐宏在朋友圈发布消
> 息，称有人要"弄死"他。

对于围绕乐歌股份的这个热门事件，不同人因对事件掌握的信息量不同以及所站角度不同，会得出不一样的结论。但是，总体而言，此次事件对乐歌股份的影响是弊大于利。

对公开信息多多留心，可从中挖掘出大量学习价值。这里还需要回放事件细看一个插曲，从这个插曲中加深对"没有说服"角度的理解。**对于提供建议的人而言，做好不被接纳的心理准备更有助于成功提建议；对于需要接受建议的人而言，了解"没有说服"现象也有助于自身听进去建议。**

乐歌股份事件起因的更多公开细节，可见诸《21世纪经济报道》对项乐宏8月29日深夜的微博进行的报道。[1]

> 其中提到——今天，我和我的董秘、证代被临时通知一起视
> 频联线平安资管基金经理。最后，调研不欢而散。我的很多朋友

---

[1] 刘巷. 深夜刷屏！乐歌股份董事长怒怼 90 后基金经理：不欢迎你们来投资！(2020 - 08 - 30). https://baijiahao.baidu.com/s?id=16764431146290711778&wfr=spider&for=pc.

甚至领导建议我，平安资管是大机构，把朋友圈的微信删了。

从案例内容可以得知，项乐宏提到过他的朋友建议他把朋友圈删了，这是一个需要关注的关键信息点。

读者无须研究他最后有没有删朋友圈，因为在删朋友圈的建议已经被公开的情况下，删不删朋友圈已经没有意义。由此可以看出，危机公关这个业务带有一些"医不叩门"的色彩。

陷于危机中以及陷于热议中的企业或个人，通常都会收到来自不同人的建议，如果围绕在耳边的建议太多了，对于收到建议的人而言，关于建议的边际效用就会递减，且存在因收到的建议过多而导致大脑发热的可能性。因此，要在日常工作中建立起收集建议的可信渠道，避免在关键时刻出现病急乱投医的情况。

围绕乐歌股份事件，再抛出一个问题供大家思考：

站在时间的维度，乐歌股份董事长项乐宏曾质问："你们这样欺负做实业的吗？"

因此，舆论中也有一些人根据乐歌股份董事长项乐宏的言行，认为其留下了"老实人"的舆论印象。

但如果把时间维度拉长，大家会怎么看待"老实人"标签，企业家又需要展现什么样的形象？

2. 用"三角形"对危机进行衡量

此前，本书对企业家以及职业经理人在危机公关中发挥失常的原因进行了总结。在认识到"没能说服"或者"没有说服"的问题之后，如果还是就这个问题去讨论，并不能破局。

因此，本书将会提供一个思考模型，帮助公共关系人员或者外部顾问与企业家和职业经理人相互理解。关于危机公关的思考模型一定不能复杂，为此，本书引入危机公关三角形思考模型。

接下来会详细讲解三角形思考模型以帮助读者"知其所以然"，但是当过渡到应用部分时，即与企业家和职业经理人沟通时的"知其然"，又必须简洁明了以提升应用价值。具体而言，这一模型的关键在于帮助企业家和职业经理人弄清楚危机公关的工作焦点。

为此，本书通过一个典型案例逐步导入模型。网易财经在2009 年 8 月 22 日对万科集团创始人王石的演讲进行了描述①，王石在演讲中再度谈及"捐款门"事件。

> 对捐款的看法没有改变
>
> "捐款门事件让我一夜之间，从 80 后眼中的登山英雄变成了千夫所指。"王石在前一天深圳书城中心城签售时称，到现在为止，他对捐款的看法没有任何改变，自己当时不过是"在一个民族需要激情的时候，说了句理性的话"。

此次，网易财经在对王石的演讲进行描述时，对王石口中的

---

① 张鸿雁. 王石："捐款门"事件把我打回原形. （2009－08－23）. https://www.163.com/money/article/5HC31RMR002534NU.html.

"捐款门"事件也进行了介绍。2008 年汶川地震后，万科集团创始人王石发表的关于捐款的看法引发了舆论争议。

> 去年"5·12"汶川地震发生后，万科董事长王石在其个人博客上表示，"万科捐 200 万元是合适的……万科对集团内部慈善的捐款活动中有条提示：普通员工的捐款以 10 元为限。"此言一出，立即招致网民骂声一片。

下面引入危机公关三角形模型，之后再将该模型与案例事件加以结合。

认识危机公关三角形思考模型

这个思考模型是一个钝角三角形（见图 5-1），并且本书将与钝角对应的边称为底边，再将另外两条边称为左斜边和右斜边。接着，再将钝角三角形的左斜边记作"实然"，右斜边记作"应然"，底边记作"认为的实然"。

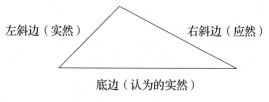

图 5-1 三角形思考模型

左斜边"实然"是指事物实际上的样子，危机公关中的"实然"就是关于危机主体的实际情况或者正确观点。

右斜边"应然"是指事物应该的样子，危机公关中的"应然"就是利益相关者认为危机主体应该怎么样。

底边"认为的实然"是指认知中的事物实际上的样子，但并不完全是事物实际上的样子，危机公关中"认为的实然"就是利益相关者认知中的危机主体实际怎么样。

本书后文会详细介绍利益相关者，此处先简单介绍：通常情况下的利益相关者，是指会受组织决策和行动影响的任何相关者；危机公关中的利益相关者，是指会受组织决策和行动影响但同时也能反向影响组织的任何相关者，比如社会公众等。因为危机公关对于组织而言属于关键时刻，所以利益相关者的认知在这一特定的关键时刻需要略微区别于通常情况。

借助案例来深入理解三角形模型

在工作中具体运用危机公关三角形模型时，比如公共关系人员或者顾问想说服企业家和高管等决策层支持正确的危机公关，可以视决策层接收信息的习惯，选择使用危机公关三角形模型理论，也可以直接使用可以反映该模型的案例。

本书借助危机公关三角形模型，分析一下王石谈"捐款门"事件，同时也是通过王石谈"捐款门"事件，来反向理解危机公关三角形模型。

左斜边"实然"即关于万科的捐款，"万科捐200万元是合适的"，包括后续王石在演讲中谈及当时的情况属于"说了句理性的话"。

右斜边"应然"即网民暗含的期待,比如网民所期待的万科捐款额。

底边"认为的实然"即网民认为的事实,网民认为万科捐款捐少了。但是,关于"认为的实然"需要做进一步的解释。

虽然舆论中讨论的内容多数属于"认为的实然",但舆论往往倾向于认为这就是"实然"。不过,舆论的存在对社会整体而言利大于弊,而"认为的实然"又是舆论的必然产物,处处可见。因此,在这两方面的综合作用下,大家往往容易忽略反思"认为的实然"。

重新回到王石谈"捐款门"事件,可以看到两个"实然"。

其中一个"实然",当时王石认为万科捐 200 万元是合适的,这是企业方认可的关于企业的实然;而另一个"实然",网民认为万科捐少了属于认为的实然,但很多网民在潜意识里把认为的实然当成了"实然"。因此,前后两个"实然"间出现了冲突。

但是对此也不应求全责备,换种说法,如果不经过刻意练习,容易出现自己认为在左斜边"实然"上而实际上是在底边"认为的实然"上的情况。

之前有人调侃演员黄晓明,因为他在录制节目时说了"我不要你觉得,我要我觉得"这句话。实际上,虽然大家通常不会说出这句话,但如果稍不留意,在日常生活中很容易从个人角度默默作出"我不要你觉得,我要我觉得"的行为。

尽管"我不要你觉得,我要我觉得"之类的问题属于人之常情，但对于危机企业而言，两个"实然"间的很多争议需要解决，否则无法解决危机。

借助底边对危机公关实现"知其所以然"

大多数情况下，"认为的实然"即危机公关三角形模型的底边**越长越麻烦，因为底边越长意味着危机主体暴露在可被攻击范围中的线段越长。**

三角形底边的长短往往与两个方面有关。一方面，企业越大，三角形越大，三角形底边越长，即树大招风；另一方面，如果企业不擅长处理底边问题，底边也会越长，所以惹到的麻烦越多。

通过上述内容，读者可以更好地理解危机公关的本质层面。虽然在理解"知其所以然"的过程中需要照顾方方面面，但在与企业家和职业经理人沟通时还是要长话短说直奔"知其然"。

解释清楚危机公关三角形"知其然"的关键，是要让企业家及职业经理人了解到，他们喜欢讲"实然"，但舆论通常会把"认为的实然"当作"实然"。因此，两个"实然"容易出现对立，而且在这种冲突中受伤的往往是企业，所以不宜硬碰硬。

下面继续了解"知其所以然"，即为什么会有两个"实然"这种冲突。这是因为认知差异，更准确地来说是因为信息不对称。

信息不对称主要指一些人员拥有其他人员没有掌握的信息，比如因为各种各样的原因，有些人知道一些商机而另外一些人不知道。**这构成了企业家和 CEO 在获得财富方面的优势，但也导致了他们基于信息量优势所说出的"实然"难以被人理解。**

关于具有信息优势的人难以被人理解的现象，可以看一个极端一点的例子：有些文章在不讨论企业所属行业、不关注企业战略、不了解资产结构的情况下，单纯谈企业负债规模并质疑企业风险，这些文章仍会获得可观的阅读量。

因此，当企业处于舆论漩涡中时，如果舆论双方都不让步，受伤的通常是企业。因此，这便需要企业家和CEO想清楚他们究竟想要什么，是想放飞自我还是顾全企业大局。

危机公关并非想改变企业家，只是想让企业家更好，同时也不希望改变舆论认为的实然，因为舆论有其自身的规律，且对于社会整体而言又具有正外部性。

不过需要提醒的是，契约精神很重要，对于从公司获取分红收入和职务薪酬的企业家而言，他对那些会影响到公司声誉及经营的言行是负有契约义务的，不能仅仅讲自己的实然，而是要顾虑舆论认为的实然。对此，本书在后文会讲到具体的对策。

关于两个实然间的冲突也需言明例外情况

有些企业家有历史责任感，希望通过讲"实然"来启发更多的人，有成功的案例也有失败的教训，比如关于华为创始人任正非的一个故事就值得关注。本书没有考证这个故事的真假，此处主要是借鉴故事中的逻辑而非对故事吹毛求疵。

根据互联网公开材料可知，华为一个新员工在毕业后刚到华为两个月时，围绕公司的经营战略问题给任正非写了一份"万言书"，结果任正非批复："此人如果有神经病，建议送医院治疗，如果没病，建议辞退。"

任正非没有对这封"万言书"的内容合理与否等实然问题进行辩驳，而是直接对"认为的实然"进行引导，告诫他在职场中要脚踏实地。

此处总结一下这部分的要点：通过案例导入以及对危机公关三角形的分析，介绍了企业家及职业经理人喜欢讲"实然"，但舆论通常会把"认为的实然"当作在讲"实然"，这导致两个"实然"间的冲突并加剧了危机。对于企业家和职业经理人而言，如果想解决危机，就不能仅仅关注自己的"实然"。

此外，本部分还介绍了企业危机公关三角形的底边越长，企业被攻击的范围就越广，本书后面将解析如何从底边出发去做好危机公关。

3. 如何抓住危机公关的正确方向

很多时候，危机主体会感叹"树欲静而风不止"，但是这股风往往都是危机主体自己卷起来的，尤其是危机公关的开局一定要正确。因此，对于公共关系人员或者顾问而言，用三角形里的逻辑劝住企业家和 CEO 非常重要。

前文已经介绍了两个"实然"容易冲突并加剧危机，在某种程度上类似于火上浇油。对此，企业方一定要明白，既然企业自身喜欢讲"实然"，那也要知道底边"认为的实然"是企业必须面对的现实，即这其实也是一种"实然"，理解这一层面的意义有助

于企业方在开局时说服自己冷静下来。

例如,谈及乐歌股份案例时,读者会想到关于"老实人"标签的问题。

无论企业家或者 CEO 喜不喜欢,难以避免会被贴上印象标签。"老实人"作为一个副标签存在时的风险可控,但如果企业家在一个事件中的明线或暗线的主标签是"老实人",就需考虑这个标签的正反两个方面。

这有可能意味着企业家给自己的未来定了一个过高的基调,动不动就会被人拿出来用"老实人"的标签加以批判,比如舆论会揪出企业家的某次行为,看看符不符合"老实人"等等。因此,企业方在开局时就要做好正确的判断,有些时候开局没做好,就是给未来发展埋雷。

几年前我在从事产业基金工作时,跟随基金公司的创始人去做尽职调查。这位创始人之前是实业出身的高级职业经理人,曾与一位企业家联手在五年的时间里把一家制造业公司打造成了当时的中国 500 强企业。

那时候,我一直旁观和总结他做尽职调查的经验,私下里曾向他请教,他问的那些过于基础的问题,会不会让企业家觉得他事前不看企业准备的材料。他回答说,这是为了从不同信息源对这些常见问题做交叉验证,所以只要是平等交流就没有大碍。

做好底边"认为的实然"工作

一旦公共关系人员或者顾问能够成功地让企业家及 CEO 等危

机主体决策人注意到两个"实然"的冲突，以决策人的聪明才智，可以很快明白他们不能用自己的"实然"去硬杠利益相关者"认为的实然"。**因此，在某种程度上来说，解决好三角形思考模型中"认为的实然"这一底边，便是危机公关的工作方向。**

具体而言，比如不应在遇到危机时就作出对抗行为，比如声称舆论的批评是不对的或者指责利益相关者。在本书后文讲到迈瑞医疗案例中的问题时，读者对此会有更深的体会。

正确对待"认为的实然"，本质上是一种打破成见的能力，而其关键在于找到关于意识的策略。对正确意识的作用路径加以分析，可以参考心理学中的一些说法，**即如果能够在意识层面成功注意到潜意识中存在硬杠"认为的实然"的习惯，便能减小这些潜意识对工作的干扰。**

曾经在某个项目中，有个项目成员写出了很好且有用的危机公关文案，我特别想夸奖一下。在夸之前，我问了她一句，"你这个文案不错，你知道好在哪吗?"她回答说"不知道"。

所以，我在夸奖她的同时也提醒她，下一次在写文案的过程中应总结这种危机公关意识，提高超常发挥的频率，那么个人的整体水准就会提高。如果意识不到这次是超常发挥，下一次有可能就要栽跟头。另外，关于危机公关文案的写法，可回顾第二章与第三章中的相关内容。

进一步来看，关于三角形思考模型中"认为的实然"这条底边，可以结合歌尔股份高管变动造成市值大跌的案例加以分析，具体参考《中国证券报》于 2021 年 1 月 29 日的报道。[①]

1 月 27 日晚间，歌尔股份公告称，公司收到董事、副总裁兼财务总监段会禄的书面辞职报告，段会禄因工作安排辞去公司财务总监职务。辞职后，段会禄仍担任公司董事、副总裁职务。公司董事会同意聘任李永志为公司财务总监。李永志现任公司会计机构负责人。

1 月 28 日，有自媒体发文《歌尔股份财务总监变更，三年财务报表有疑云？》，歌尔股份当日即跌停。投资者在互动平台紧急询问歌尔股份变更财务总监以及财务相关事宜。

1 月 28 日下午，歌尔股份在平台上回复称，公司已注意到有部分网络媒体对于公司正常的人事升迁变动进行断章取义的解读，并且选择性忽视公司公告中原财务总监段会禄仍作为核心高管团队成员之一，任职公司董事、副总裁的事实，公司会尽快选择合适的时间点进行相关信息的披露，用事实和数据回应不实传闻。

然而，1 月 29 日早盘，歌尔股份股价继续下跌。1 月 29 日午间，歌尔股份发布业绩快报，下午开盘后，歌尔股份一度直线拉升翻红，但仍收跌 4.18％。数据显示，公司股价在两个交易日累计跌近 14％，市值蒸发 174 亿元。

---

① 张兴旺. 急了！股价重挫 14％，苹果链龙头歌尔股份一天连放两大招.（2021 - 01 - 29）. https://baijiahao.baidu.com/s?id=1690267716945688965&wfr=spider&for=pc.

股价的涨跌对不同人的影响不同。但是，大部分情况下，企业方还是希望股价稳健上涨。本书也以此为出发点，对歌尔股份的案例进行分析。

此处暂不分析歌尔股份企业自身有没有问题，而是先来了解现象。歌尔股份财务总监变更，舆论质疑"三年财务报表有疑云"。对此，歌尔股份当天下午的说法是"会尽快选择合适的时间点进行相关信息的披露，用事实和数据回应不实传闻"，但在次日早盘，歌尔股份股价继续下跌。

因为资本市场会出现信息不对称的情况，所以很多时候一有风吹草动就容易引起投资者基于底边"认为的实然"，对上市公司用脚投票并带来股价波动，从而对企业造成影响。

这类案例其实有很多，虽然企业在事前的忽视可以理解，但还是应尽力避免。一位朋友在聊天时告诉我，此前他所在公司的两个外部董事的正常职务调整被炒成了热门财经新闻，事后的处理过程也非常麻烦。

如果要解决这一问题，缩短底边"认为的实然"是关键所在，具体而言，便是要打破信息不对称，也可以称之为对称信息。

比如在 2020 年，有一家上市公司的董事在任期内辞职，当时该公司董事会秘书和我探讨了在发出公告后如何在第一时间就董事变化向资本市场解释，避免外界随心解读带来不必要的股价波动。这个解释行为就是本书所说的对称信息。

如何正确地对称信息？

关于这些案例中的信息对称逻辑，可以借助三角形思考模型来进行具象化理解。在前文案例中，企业基于左斜边"实然"视角认为职务调整没什么问题，所以未对称信息便自行处理，但是，舆论基于底边"认为的实然"会对此做猜测解读和放大处理。

因此，企业方要对危机有预见性并对称信息，认真考虑公共关系人员或者顾问提出的有价值的建议，好的建议往往只有几句话，但可以将危机扼杀在萌芽中，而且不会留下隐患。

一些企业在事后会认为，根据这些建议做危机预防是少见多怪，本来就不会遇到危机，也就不会想到这些建议是公共关系人员或顾问基于多年工作上的积淀提出。当然，也有一些企业单纯为了压价才持这类口径。技术型从业者及顾问对此要有心理准备。

对称信息和危机公关中常提到的真诚沟通原则有类似的作用。

正确使用真诚沟通原则是有必要的，但对于公共关系人员或者顾问而言，如果单纯向企业家和CEO推荐真诚沟通原则，有些人大概会觉得这是废话，没耐心听下去。为了解决这一问题，危机公关人员可以使用本书中的逻辑体系提供建议，如果仍然不奏效，就需要危机公关人员根据现实情况继续迭代。

另外，关于对称信息的细节层面，比如文案材料撰写等信息组织工作等，本书第二章已经介绍过，此处不再赘述。

关于对称信息，尚有其他事项需要加以注意。

在有些场景中可以通过自夸式的软文实现信息对称。但是，

危机公关文案看上去不能像软文，否则就容易导致"此地无银三百两"；资本市场文案看上去也不能像软文，否则就容易导致自卖自夸无人信。

对于大多数公司而言，"晴带雨伞饱带干粮"，多准备几种危机公关预案会更好，因为有些危机就像多米诺骨牌一样会引起连锁反应。

第七章中会讲到一个因为一篇自媒体质疑文章导致企业资金链吃紧的案例。

通常情况下，股价的大起大落对上市公司的发展存在不利影响，但是大家有没有想过其中的原理呢？

我在从战略咨询与危机公关领域转而入职产业基金从事投后与并购，再返回最初从事的领域之后，才想清楚其中的作用路径。如果本书的读者中也有对资本市场感兴趣的朋友，可以想一想这个话题。

进一步分析底边"认为的实然"，当底边相对越长时，以利益相关者为主的右斜边"应然"和以危机主体为主的左斜边"实然"间的偏离度就越大，这也就意味着同等条件下的危机公关越复杂。

从某种意义上来说，危机公关三角形的钝角越大越容易出问题，越容易背道而驰。

做好斜边"应然"与"实然"的工作

除了底边以外，另外两条边也同样值得关注。

此处先了解右斜边"应然"。

前文已经介绍，危机公关中的"应然"主要指利益相关者认为危机主体应该怎么样。"应然"通常与社会文化紧密联系，比如大家认为危机主体应该遵守契约或者有社会责任感等等，这些"应然"在短期内不会有太大变化，即右斜边"应然"具有稳定性。

关于右斜边"应然"的稳定性，具体指不以企业意志为转移，即指企业不得不面对的局面。而且，很多通俗的道理都在规劝人们要改变自己而不是改变他人，对于企业尤其是处于危机中的企业来说，也应从改变企业自身开始。

但是，右斜边"应然"的稳定性也给企业带来了好处。**因为"应然"在一定程度上是一种社会共识，所以，如果企业在这条边上有所表现，就能够为接下来的危机公关打好基础。此外，对于危机企业而言，在这条边上获得舆论的认同较容易，因此，"应然"也给危机企业指明了危机公关的方向。**

对于危机中的企业而言，应该围绕"应然"这条右斜边展现企业的态度。但是此时要对右斜边和底边稍作区分：首先，围绕右斜边的危机公关工作在顺序上优先，围绕底边的危机公关工作则是工作上的主体；其次，在右斜边的工作之后需要紧跟上底边和左斜边的工作，即右斜边的工作难以独立存在。

具体来看，关于危机主体如何展现态度，可以分为两大部分：其一，形式方面，例如尽快回应；其二，内容方面，例如不要撒谎。这些内容在本书第四章均有具体展开。

关于如何尽快回应，有一个重要细节需要注意，可以看一个案例。《新京报》2013 年 8 月 30 日对光大证券时任董事会秘书不知情时否认"乌龙指"被罚 20 万元进行了报道。[①]

8 月 16 日上午大盘出现异动，市场传言异动或与光大证券错误操作有关。11 时后，公司策略投资部就已经知道套利系统出错，但此信息并未反馈给董秘。

随后光大证券董事会秘书梅键接到大智慧通讯社的电话。11 时 59 分左右，梅键在对事件情况和原因并不了解的情况下，轻率地向大智慧通讯社否认市场上"光大证券自营盘 70 亿元乌龙指"的传闻。误导信息在 12 时 47 分发布并被各大门户网站转载。

按照右斜边"应然"的逻辑，光大证券时任董事会秘书回复媒体应该是强调立刻核实信息。

在列举案例的过程中，我专门请教了证券事务从业者。在此类案例中，上市公司证券部的关注点包括如何合规地沟通问题，比如信息披露，危机公关及财经公关顾问的关注点包括如何在沟通时展现态度，比如用到"立刻"等词语，但此时危机公关的关键在于要服务于整个公司以及证券事务部的布局，而不能片面追求公关炫技。

市场公关部以及财务部或者法务部在面对危机公关的时候，

---

① 李蕾. 光大证券董秘梅键在不知情时否认"乌龙指"，遭"最贵"罚款. (2013 - 08 - 31). https://www.chinanews.com.cn/stock/2013/08 - 31/5228886.shtml.

亦是同理，要谨记服务于企业整体战略的目标。

围绕"应然"话题，补充介绍一下危机公关修辞策略。根据项目实践经验，我总结了"五多"策略：

多体现诚恳与真实；

多体现理解与重视；

多说正在如何行动；

多使用简洁的句式；

多使用主动语法。

在此，本书围绕右斜边"应然"还要给出一个特别提醒：尤其是对于危机企业而言，要想清楚"你着急又不是别人着急"，在沟通时一定要张弛有度。

接着再看左斜边"实然"。

本书将左斜边"实然"拆分为两个视角：第一个视角，企业的基本面，这种实然在短时间内不易改变；第二个视角，企业所做实事，比如企业面向社会公众的社会责任感或面向投资者的投资者权益保护等，这种实然在短时间内可以改变。

因此，关于危机公关左斜边"实然"的工作，要求企业在不伤害基本面的情况下做实事，从而为底边"认为的实然"提供危机公关素材。换一种说法，即在左斜边"实然"层面做一些事情，从而减少左斜边"实然"与底边"认为的实然"之间冲突。

例如，在第四章的起承转合方法中讲到的"合意"，便是此处左斜边"实然"的落实。

　　至此，本书已经对危机公关三角形思考模型进行了实操层面的解读，并在中间穿插介绍了危机公关的修辞技巧。

为什么一些企业有媒体相助却未能达到预期？

　　关于该问题，本书通过一个几年前的案例加以阐释。

　　案例企业想实现一个战略目标。该战略目标的实现与否还需要多个不同利益相关者的同意，所以企业追求该战略目标的行为必须具备合理性；企业能否实现该战略目标取决于这些企业外部关键利益相关者，而该战略目标存在很大争议，导致一些外部关键利益相关者不愿支持该战略目标。

　　造成企业处于这种状况的原因还有很多，危机公关在其中的作用是润滑与铺垫，因为企业意图尽力争取达成该战略目标，所以，企业希望参考危机公关方法获得这些外部关键利益相关者的认可。

　　从企业的这个诉求可以看到，危机公关不仅适用于企业被负面事件缠身的情况，也适用于企业遇到具有挑战性目标的情况。因此，不能狭义地将危机公关理解为"危机"，而是要明白危机公关的核心是帮助企业解决那些包括但不限于危机的困难与问题。

　　下面回到案例。

　　　顾问方：媒体最后刊出的版本，把我原稿件素材里想突出的内容点都删除了，只保留了原稿件里对财务以及研发的基本陈述部分。

　　企业方联合创始人：是的。我们和媒体沟通了几次，他们觉得现有版本更聚焦，我们表示理解并接受了。

　　顾问方：如果企业想立足于长期宣传的话，是得聚焦于企业的某几点优势，但是，在这一情况下，如果能不停地变化语言及语言形式，描述相同的优势以加深受众印象，效果会更好。现有版本的传播方式容易陷入词语重复的状态，导致受众以为是之前看过的内容而不想再看下去。

　　我在发现刊出的版本与原稿件素材有较大不一致时，便打电话向该企业联合创始人了解最终对稿件作出修改决定的缘由。这家企业分管市场的联合创始人能力非常强，案例中的"和媒体沟通了几次"属于友好沟通，而且从媒体表达"觉得现有版本更聚焦"也能看出媒体是认可这家企业的。

　　但是，这也正是引发我们思考的地方，为什么有媒体相助却未能达到预期？

　　原稿件素材展现了一些新的内容点，并借这些新的内容点去穿插描写关于企业财务以及研发的关键内容点，从而展现企业追求前述战略目标的行为，这是合理的。这与帮助企业做投资亮点传播的处理手法相似，即围绕企业固有的关键内容点去不停地变化语言及语言形式。

　　因此，案例的原稿件中有两类内容的组合：一类是不停变化的语言及语言形式，比如用新的内容点来吸引注意力，以避免受众看腻了财务及研发内容而不愿读下去，避免出现说服中断；另一类是持续强调的关键内容点，比如财务及研发，这是关于企业战略目标的重点，不得不持续提醒受众关注这方面，一定程度上类似于第二章提到的核心争议点。

案例中的这家媒体出于好意，为了使内容更聚焦，在刊发稿件时只保留了财务及研发部分，将新的内容点删掉，并对财务及研发相关内容进行了渲染。

该媒体作出的内容调整会带来稿件美感的提升，但是刊发的稿件与之前的稿件都是在描述财务及研发内容，给人以一种刻意的功利感和过重的软文痕迹，降低了说服价值，而且在事后引来一些舆论批评该企业对战略目标好大喜功。

其实通过这件事情也可以得到一些启发：

第一，企业的危机公关不是为了过程中的美感，而是为了实现目标。有些时候看起来好的危机公关稿件不一定有好的效果，危机公关追求的不是文学效果或者新闻效果。

第二，我们不是活在真空中，在不同环境中以不同视角看事情会有不同结果。比如案例中的媒体是好意，但媒体并不是这家企业的。在此处还可以分享一个案例，因为一直为一位董事会秘书提供顾问服务，有一次我便问他企业内部高管和外部专业顾问的区别，他告诉我，企业高管工作时就像在水中做事会有很多阻力，外部专业顾问提建议时可以像在空气中眺望远方，两者都有利有弊。

第三，危机公关要帮助企业解决包括但不限于危机的困难，但并非万能钥匙。对于危机公关要抱有合理的期待，面对危机时需要统筹财务、法律等多方面的方法与工具，更需要借助企业中优秀高管的综合能力。

　　本书主要立足于危机公关视角，但在现实中读者可以根据具体需求判断如何运用危机公关以及用到何种程度。除此之外，不停地反思和更新关于危机公关的认知也非常重要。

下篇

危机公关策略拔高

本书后半部分引入经济学常识去把握危机公关，也即公关经济学，基本逻辑如经济学分支之一的管理经济学，是微观经济学在管理实践中的应用。

但是，与本书前半部分利用数学概念解决如何"做好"危机公关略有区别，经济学部分解决的是危机公关如何做得"更好"。在难易程度方面，危机公关经济学常识部分比危机公关基础数学章节会简单很多。比如在基础数学的平面坐标系中，至少要分为四个象限去分类认识危机公关，而在经济学常识的博弈论框架中，更多的是要理解危机公关中的博弈论逻辑，即将逻辑稍加迁移便能事半功倍。

对于危机公关经济学常识部分的学习，既要有藐视危机的自信，也要有正视危机的姿态，即要对危机公关事件的客观环境以及危机公关建立起深刻真实的认知。我们在不了解这个世界是什么样子时就不知道该如何处理问题，但当我们有把锤子的时候也不能看什么都是我们要钉的钉子。

例如，本书前文一直强调危机公关的知识迁移，但有些时候危机公关是核心方法之一而并非万能方法。企业家和企业高层在自身经验以及知识相对占优势的情况下遇到危机时，也不应坚持认为自己的既有习惯是对的。公司上下往往都会捧着企业家，但社会不会如此，所以企业家要想办法听到真实的声音。

| 第六章 |

以“博弈论框架”缓解危机对立

对于危机公关中的博弈论框架，无须像在学习经济学专业里博弈论时那样复杂，而只需借鉴框架中的核心逻辑，用于解决危机公关中的对立情况，从而营造更好的外部条件以实现危机公关目的。

1. 为什么有些企业会被针对？

企业遇到危机尤其是被舆论批评时，在感到委屈的同时，可能会认为自己被大家有意针对。

关于这个现象的答案，可以先通过案例来感知，之后再去分析其中原委。本书梳理一下宝能与格力的案例，从中找到分析这类问题的逻辑方法。

首先来看一下案例的主要背景。在 2016 年 10 月 13 日《第一财经》对 2016 年度《胡润百富榜》的报道中[①]，大致介绍了宝能集团姚振华的情况，主要有三个背景信息值得了解，下面用三段

---

① 宁佳彦. 感谢万科 宝能姚振华财富翻 820％跃升胡润百富榜第四名. （2016 - 10 - 13）. https://www.yicai.com/news/5133309.html.

分别加以呈现：

> 46 岁的姚振华无疑是今年的"大黑马"。胡润表示，姚振华财富平均一周涨了 20 个亿。榜单数据显示，姚振华财富增长最多，上涨 820％到达 1 150 亿元，排名比去年上升 200 多名，位居第四。

> 姚振华从农贸生意起家，之后踏入房地产行业。2003 年借助深物业在中小板上市，完成资本积累第一步。2012 年成立前海人寿，正式大举进军资本市场。

> 胡润认为，中国企业家的创富模式经历了五个阶段：从贸易，到制造业，到房地产，到 IT，再到现在的资本运作。他表示，姚振华是现在这个资本时代的代表人物。

2016 年末，前海人寿增持格力电器股票引起社会高度关注。

前海人寿成立于 2012 年 2 月，是宝能投资集团董事长姚振华通过旗下的钜盛华联合另外 6 家公司设立的保险机构，姚振华出任前海人寿董事长。关于前海人寿增持格力电器的逻辑，可以简单了解一下。中金公司 2016 年 11 月 28 日发布报告称，格力股权分散、估值偏低、现金流好，是 A 股最适合被举牌的公司之一。现在再来听一下董明珠关于前海人寿增持格力电器的声音。

据中国经济周刊-经济网报道①，2016 年 12 月 3 日上午，以

---

① 张燕. 董明珠谈资本敲门格力电器：如果他们破坏中国制造会成为罪人.
(2016 - 12 - 03). https://www.sohu.com/a/120582492_120702.

"供给侧结构性改革与中国经济新动能"为主题的第十六届中国经济论坛在人民日报社报告厅举行,董明珠作为论坛主持人出席并主持了上午的开幕式及颁奖典礼。

论坛期间,董明珠接受了中国经济周刊-经济网的独家专访。在谈到最近有关前海人寿增持格力电器股票的事情时,董明珠告诉中国经济周刊-经济网,她从来不主张把股票价格做高,低价进高价抛。她表示,真正的投资者是通过投资实体经济发展来获益的,这也是她所坚持的。

"格力电器作为一家制造企业,不会因为别人的资本变化而影响到自己,未来将持续专注在打造创造性企业的方向上。"董明珠针对此次"野蛮人"敲门一事,对中国经济周刊-经济网表达了自己的看法。她表示,格力不会对举牌进行应对,"如果成为中国制造的破坏者,他们会成为罪人"。

随后该事件的形势出现了较大变化。关于形势变化的情况,可以根据《法治周末》在 2016 年 12 月中旬对事件的梳理加以了解。① 虽然形势变化通常是由多重原因造成的,但在学习危机公关时,还是要更多从公共关系视角去分析原因,这样有助于增强理解效果,就像演员平时需要练习才能在台上正常表演。要先理解透公共关系,在具体决策时才能视情况来分析需要使用危机公关

---

① 曾高飞,文丽娟. 证监会主席痛斥野蛮人 帮董明珠难帮王石. (2016 - 12 - 14). http://finance. sina. com. cn/stock/s/2016 - 12 - 14/doc - ifxypipu8079358. shtml.

到何种程度。

　　12月3日，证监会主席在会议发言中脱稿痛斥"野蛮人"为"兴风作浪的妖精""谋财害命的害人精"。在痛斥之后，马上看到前海人寿和恒大人寿被查或被封部分业务。12月5日，前海人寿和恒大人寿受到处罚，保监会下发监管函，对前海人寿采取停止开展万能险新业务的监管措施，责令整改，并在三个月内禁止申报新产品；恒大人寿被叫停买股票资格，只准卖不准买。

　　前海人寿是宝能系叩门万科的"马甲"，幕后老板是姚振华；恒大人寿是恒大系叩门万科的"马甲"，幕后老板是许家印。用证监会主席的话来界定，姚振华和许家印是股市两个著名的"大妖精"。当然，被这两个"大妖精"叩门的，远远不止万科，他们各叩了一众企业的门，其中包括格力电器，威胁到董明珠对格力电器的管理，被董明珠怒斥为"破坏中国制造的罪人"。

　　经历这一系列形势的变化，再来看一下前海人寿增持格力电器事情的尾声。腾讯财经于2016年12月9日对前海人寿的行为进行了跟踪①：

　　　借助万能险资金在资本市场频频举牌上市公司的前海人

_____
　　① 刘鹏. 前海人寿承诺未来将不再增持格力电器 择机逐步退出. 腾讯财经，2016-12-09.

寿，面对市场不断的争议与保监会的监管升级，于 12 月 9 日晚间发出公告，承诺将不再增持格力电器，未来逐步择机退出。

通过这样一种时间脉络呈现案例，有助于将模糊的公共关系感受总结为体系化的公共关系认知。只要捅破该案例中的窗户纸，危机公关在"博弈论框架"部分的道理就会变得显而易见。

首先，进行认知层面的现象分析。

认知层面的原因已经显而易见，即形势变化的主要因素在于，宝能系的行为对实体经济的发展构成不利影响的观点得到了更多的支持。

关于该观点中的原委，可以简单了解一下。董明珠在 2016 年 12 月 12 日央视财经论坛暨中国上市公司峰会上发言称，"我们 1997 年开始实现了自足资金，但是这给我们带来一个问题，就是我们今天看到的野蛮人的敲门，因为你太有钱了。但是你要知道一个实体经济的发展，它要投入多少的资金来发展，它未来能够掌握技术、能够引领世界，它是要有资本来支撑的，而我们现在很多人用经济杠杆来发财，那是对实体经济的犯罪。"

关于董明珠的观点正确与否，即当时前海人寿的增持行为在事实上是否对实体经济发展造成不利影响，我们暂不讨论。因为本书的研究焦点是危机公关，着眼点侧重于分析认知。此时需重点关注公共认知层面的声音，尤其是关键人士的观点，比如案例中时任证监会主席对当时前海人寿的行为的看法。对此，可以从两个方面加以讨论。一方面，如果当时大家认知中的前海人寿是单纯从财务投资角度对格力电器进行增持，那么这种行动很难在资本市场上"兴风作浪"，也就没有理由被指摘；另一方面，如果当时大家认知中的前海人寿是恶意收购，加之企业社会责任思想已被大多数人所接受，前海人寿当时的行为被批评便在情理之中。

因此，直观地从认知层面来看，前海人寿如果在公共认知中被认为是"中国制造的破坏者"，自然会引起多方抵制。而且，考虑到国内外"野蛮人"收购行为对标的企业包括企业人员的影响，在此情形下，董明珠管理团队可选择的策略其实比较明朗且合乎逻辑，即要保卫企业的控制权。

在企业控制权的保卫战中，董明珠的表现突出。正如前文案例中已经提及，董明珠在接受中国经济周刊-经济网采访时说"如果成为中国制造的破坏者，他们会成为罪人"。关于董明珠说这番话时的内心所想，并非此时分析的重点，关键在于这番话中的技术含量，即某种程度上的"阳谋"属性，对此大家可以自行感受。

额外补充一点，阅读案例的境界可分为三层：第一层境界是把案例当故事看；第二层境界是把案例服务于主题来看；第三层境界是看出案例中未直接言明的洞天。

接下来，进行认知层面的深层逻辑分析。

此前已经简单讨论，如果当时前海人寿是单纯从财务投资角度对格力电器进行增持，那么很难被定性为"兴风作浪"。但是，形势变化经常牵一发而动全身，一环套一环。随着当时认为前海人寿"成为中国制造的破坏者"的声音愈演愈烈，前海人寿增持格力电器的形势自然出现逆转。

那么，这种逆转的深层逻辑究竟是什么呢？

这一逆转的关键在于博弈形势的变化，前海人寿增持格力电器的行为在一定程度上由非零和博弈变为零和博弈。 非零和博弈主要是指博弈中各方的收益或损失的总和不是零值；零和博弈通常是指博弈各方的收益和损失相加总和为零，一方的收益必然意味着另一方的损失。本书借用"博弈论"一词并非为了研究博弈论，而是为了更好地介绍危机公关。

关于非零和博弈阶段：

在前海人寿"成为中国制造的破坏者"的声音愈演愈烈之前，前海人寿增持格力电器是非零和博弈。对此，可以以前海人寿增持格力电器行为中的一个维度为例，例如中金公司在 2016 年 11 月 28 日发布的报告中预测，如果格力被举牌，举牌人可通过要求格力提高分红率、现金收购资产以提升格力估值，举牌期间的估值将超过历史估值区间。根据前海人寿增持格力电器有望造成估值提升的情况可知，增持行为属于非零和博弈，例如存在希望通过股票获利的标的企业股东。

关于零和博弈阶段：

在前海人寿"成为中国制造的破坏者"的声音愈演愈烈之后，

即很多观点认为前海人寿增持格力电器的行为是对实体经济的破坏，其中的潜台词在一定程度上可理解为前海人寿不应该增持格力电器。这一观点成为主流，意味着前海人寿与实体经济双方中一方的收益代表着另一方的损失，初步具有零和博弈中博弈各方收益和损失相加为零的特点，即前海人寿与实体经济变成了类似于零和博弈中的双方。

因此，在某种意义上，增持行为由非零和博弈转化为零和博弈。那么，对于当时的社会而言，在前海人寿增持格力电器一事上，是选择支持还是选择反对，就变得简单许多。在案例中也看到，时任证监会主席也出来发言表态。

最终，经过包含上述公共关系因素在内的多种因素的共同作用，前海人寿于 2016 年 12 月 9 日晚间发出公告，承诺将不再增持格力电器。

公告中有一个细节，也是对前文的某种验证，前海人寿也注意到不能陷在认知层面的零和博弈之中。在公告中，前海人寿衷心期望中国制造业越来越好，格力越来越好，真诚祝愿格力在"中国制造"走向全球之路上再创辉煌。

至于在事实层面，前海人寿增持格力电器是否对实体经济造成影响，并不是一道简单的是非题，虽然这道题最后被有意或者无意地当作是非题进行了简化处理，但是事件结果在整体上具有正外部性。对此，本书不再展开描述，而是继续危机公关主题，进入"博弈论框架"策略环节。

2. 扭转危机局势的"博弈论框架"

在前文中，本书已经通过案例引入了博弈论框架。另外本书基于公共关系视角认为，在某种意义上，前海人寿在增持格力电器过程中之所以出现形势逆转，是由于增持行为由非零和博弈变成了零和博弈。

那么对于处于危机公关中的企业而言，需要争取另外一种转化，即将零和博弈变成非零和博弈。

本书并不研究标准的博弈论，而是借助博弈论框架来帮助读者更好地理解危机公关，因此，本书对前文中由非零和博弈转变成零和博弈的案例，重新进行抽象总结并作出假设分析。

关于分析的思路，本书建议分为两大阶段：在形势逆转前，主要可以抽象出增持方、标的企业管理层、希望通过股票获利的标的企业股东这三方在收购方增持情况下的利益变化；在形势出现逆转时，根据当时的话语体系，主要可以抽象出增持方、实体经济这两方在收购方增持情况下的利益变化。值得注意的是，如果在进行抽象的过程中感到有奇怪之处，往往就隐藏着增持方自身的危机公关破局方向。

从真实事件的走向来看，增持方在面对标的企业管理层的反击时，所采取的应对策略有可能存在瑕疵。其中有一个细节，前海人寿在 2016 年 12 月 9 日发布的声明中提到，一直按照《证券法》、中国证监会的相关规定、保监会《保险资金运用管理暂行办法》及相关资金运用监管要求开展投资。通过这个说法中的底气，可以推测前海人寿的金融、法律团队非常强大。因此，如果博弈论框架上有瑕疵，问题大概不是出在金融、法律团队身上。

此时需要注意，我们应时刻提醒自己避免出现同类错误。

金融、法律、公共关系等专业机构往往都会有认知局限性，此外彼此之间还在一定程度上出现类似于"文人相轻"的现象。所以，如果企业方仅仅听取某一个专业机构的建议而忽略其他机构的建议，那么企业方很可能要为这种行为背后的认知去买单；但是如果企业方不能对不同的声音做充分的整合，同样也将带来较为严重的后果。

前文已对案例由非零和博弈转变成零和博弈的过程进行了抽象分析，现在正式探讨如何将零和博弈转变成非零和博弈。

这一问题的核心在于抓住零和博弈与非零和博弈的本质。零和博弈属于非合作博弈，非零和博弈属于合作博弈，所以危机公关博弈论框架的关键在于如何将参与博弈的各方由非合作转变为合作。

在对前文案例进行假设探讨时可以发现，增持方不应该在主流认知中和实体经济成为零和博弈双方，这种认知情况如果是自身造成的就需要改正，如果是其他人的传播造成的就需要及时说服，而不是等到陷入困境时，才去把祝福实体经济越来越好的音量调到最大，才去跳出非合作的状态。

危机公关中的博弈，通常是反复进行而不是一次性的。

对于博弈中的实力弱势方或者舆论弱势方，可以通过小步快跑及时调整博弈对象，实现零和博弈向非零和博弈的转变。有三种调整策略：

第一种策略，适用于危机公关博弈受到公共认知巨大影响的情况，核心在于向公众解释当前现象并非零和博弈，自然也就能跳出主流认知中的零和博弈问题。

第二种策略，如果无法解释清楚，就需改变零和博弈思维定式，在一定程度上调整自身的利益诉求方式，让合作成为可能，从而促进博弈参与方走向共赢或者多赢。

第三种策略，改变危机公关博弈中的参与方，包括拉进新参与方或者减少原参与方等行为，自然也能改变在面对强者时的零和博弈被动状况。

现在我们已经对危机公关中的博弈论框架有了认知，便可以借用这个策略去重新分析前文案例。需要注意的是，学习危机公关博弈论框架的目的是借助博弈论框架来更好地理解危机公关而非研究标准的博弈论，牢记这一初心有助于提升转化效果。

第四章提及的迈瑞医疗事件，可根据博弈论框架加以分析。

当时的博弈中，迈瑞医疗董事会秘书的散户论所代表的态度，与为了资本市场健康发展对投资者权益进行保护的态度相冲突，而后者是上市公司必须要遵循的一种规则。因此，从危机公关博弈论框架视角，可以看到这类言论所带来的博弈其实是对规则的挑战。

事后，迈瑞医疗董事会秘书也为此进行了道歉。

公司于 5 月 13 日召开了 2018 年年度股东大会。会议现场，有股东向公司提出了意见和建议，我作为公司董事会秘书，未能在股东大会现场及时协助公司管理层充分回答股东问题，因本人未能和与会股东做好充分沟通，导致现场发表了一些不当言论。对此，向各位股东表示最诚挚的歉意。

通过这两个案例可以看到：

对于企业而言，无论是在事实层面还是在认知层面，尽可能不要与众望所归的载体成为零和博弈的双方，比如经济发展、行为规则等等。

这就要求企业在包括危机公关在内的公共关系行动中，展现出一种顾全大局的能力。并且，顾全大局中的"大局"可大可小，例如既有可能大到整个社会层面，也有可能小到股东会层面甚至某个部门层面。

社会层面的"大局"对危机公关而言非常重要，于日常的公共关系以及战略咨询而言也是如此，其中存在大量相通的底层逻辑。几年前，我为了帮自己当时供职的机构推一下业务，便使用了从"大局"切入的方法写了一篇文章发布在中国青年网上。

当时在文案写法上主要考虑了三个要点，在立意上紧扣"大局"要素，比如资本市场趋势以及技术变化趋势等，在形式上写出文案的气势，即通过内容质量为业务建立正面联想，在推广时不是直接硬塞广告而是将信息点植入进去。现将《2019 资本市场机遇年，上市公司重新定义价值塑造》文案呈现如下，供大家对照了解前面所说的三个要点。

科创板、MSCI 再扩容、改革完善资本市场基础制度，2019 年是资本市场机遇年。但也同时存在商誉减值、并购后遗症、企业声誉危机等现象，上市公司面临新的挑战。在此背景下，上市公司价值塑造的重要性日渐突出。

随着 1990 年沪深交易所的相继成立，中国股票市场正式建立，经过近 30 年的发展，A 股已成为全球第二大股市。"量"的积累带来"质"的变化，股票代码的稀缺性将逐渐降低，证券市场由卖方市场向买方市场靠拢成为趋势。

对于上市公司而言，科学的价值塑造，有助于企业在资本市场获得合理的估值与定价，对外影响上市公司与产业链上下游、银行券商等外部资源的相关合作，对内影响上市公司与公司高管、核心骨干等内部资源的裂变发展。

在与上市公司的沟通过程中，中视福格研究院发现，上市公司的价值塑造存在自说自话、忽视自身主体性信息源优势等现象。

首先，自说自话成为第一个痛点。毋庸置疑，上市公司通常为所在行业的佼佼者，公司管理层在既往的发展过程中取得了突出成绩，在实现上市"鲤鱼跃龙门"之后，需要借助并学会充分借助资本市场的力量加速发展，而掌握资本市场的语言、与资本市场进行沟通成为关键所在。尤其是战略新兴行业企业的商业模式、技术往往为"新事物"，例如智能制造领域的互联互通、生物科技领域的关键环节突破以及新兴信息技术的各类新应用场景等，对于投资者而言，理解难度较大。但是投资者尤其是机构投资者，不会轻易投资自己尚未深入了解的领域，进而对战略新兴行业企业的加速发展形成阻碍。

其次，忽视自身主体性信息源优势成为第二个痛点。在股票代码的光环下，上市公司的声誉、影响力迅速得到提升，在此情况下，企业容易走入新的误区也即过度重视社交，但是忽视了上市公司自己作为主体性信息源的优势地位。上市公司应该充分练好内功，配置相应团队或者筛选专业的外部中介机构力量，充分挖掘自身的投资价值，充分发挥主体性信息源优势，如年报中关于经营及战略的科学描述、上市公司官网中对企业的合理展示等。在基于投资亮点得到充分挖掘的基础上，形成优质的资本市场内容与信息，将会形成强大的传播力，进而促进企业的发展。

这些趋势对金融服务机构构成了新的挑战，上市公司在选择金融服务机构的过程中，将依托公司高管自身的行业洞察、战略思维，对金融服务机构进行筛选。但是坚持持续的价值塑造工作，从量变到质变，可以实现企业自身在资本市场的高质量发展。

写这种文章很难像写专业书籍一样，可以慢慢道来从而把事情说透，文章中的很多事情都只能点到为止。

不过当时我在写文章时做了一个技巧性的处理，因为我带团队在做此类项目时具有战略思维方面的比较优势，所以在文中提到上市公司"将依托公司高管自身的行业洞察、战略思维，对金融服务机构进行筛选"，潜移默化地推动这个小众行业的服务标准朝着有利于自身的方向转变。

上述这个技巧，往大了说具有"一流企业做标准、二流企业做品牌"的特征，往小了说有助于文案有血有肉。虽然有些企业级服务都已经从增量市场变为存量市场，但这对于技术流的人而言不一定是坏事，只要慢慢积累就会实现量变到质变的转化。

3. 借助"博弈论"平缓危机的启示

前文介绍了从零和博弈转向非零和博弈的三种策略，另外也阐述了在危机公关博弈论框架中要求具备顾全大局的能力，这是一种不完全等价于人情世故能力的公共关系能力。

那么，怎样才能在危机公关中具备顾全大局的能力？

这时需要了解顾全大局能力的核心要素，本书基于危机公关实践经验认为，顾全大局能力的关键在于"平衡"，即若想在危机公关中具备顾全大局的能力，核心在于找到关于平衡的策略。如果稍加拓展可以发现，企业战略管理及战略管理项下组织变革等措施，都在一定程度上离不开高管团队准确理解"平衡"二字。

当立足于危机公关视角来看关于平衡的策略时，此处的"平衡"可以是博弈中参与方的平衡，但更为关键却容易被忽略的是，此处的"平衡"也可以指博弈中有利于某一方的局面进入平衡态，即一直有利于某一方的状态也会是一种"平衡"。

比如，在前海人寿增持格力电器的事件中，当时格力电器具有促进实体经济发展的象征意义，这层意义代表的就是顾全大局，而一旦加上顾全大局的砝码，便会获得主流认知的支持，有利于格力电器的局面就进入了平衡态。

危机公关博弈论框架的核心在于理解，理解之后的落地便会水到渠成。此时可以了解下落地路径的常见场景，分为宏观与微观两个视角。

宏观视角的落地路径

在第三章关于洞察事物能力的主题中，曾对 PEST 模型有所提及，但在本章运用 PEST 模型的出发点与前文有所区别。前文提及 PEST 模型时，主要是指在工作中主动拓展信息面时要有方向，此处提及 PEST 主要是为了强调危机公关需要避开雷区。

作为个体无法在和 PEST 大势的对立中取得有利于个体一方的平衡，所以，PEST 提供了关于哪些事情属于"不可为"的指导。这个道理浅显易懂，但难免有人会在危机公关中有意或无意"易冲动"或者主观或客观上"逃不掉"。

例如，在前海人寿增持格力电器的案例中看 PEST 模型，前海人寿不能站在实体经济对立面或者给主流认知留下站在实体经济对立面的印象。该案例的焦点看起来直接与 PEST 模型中的 E 关联，但也有很多作用力来自 P 和 S。

在实际使用 PEST 模型时，有一个细节经常被忽略，便是关于 S 的层面。

因为大多数人对自身的行为在心理层面会进行个人角度的心理防御机制合理化，所以在言行中容易忽视社会层面对其在公序良俗方面的要求，也就导致在危机公关时容易忽视 S 中的价值观念因素。

作为 PEST 中 S 的一种组成成分，遵守公序良俗也是一种"大局"，而且出名是把双刃剑，商业名人的行为最好不要与公序良俗发生对立，也不要与包含公序良俗在内的 PEST 模型中的其他要素对立。

例如，蒋凡 2020 年 12 月末被中止认定杭州高层次人才，据多家媒体报道，杭州高层次人才公示发布后，有网友投诉称蒋凡不符合通知中"申请人应模范遵守法律法规、道德标准、公序良俗"的要求。

作为个体，如果在博弈中站在 PEST 的对立面，自然无法使有利于个体一方的局势进入平衡态，因为即使这个个体是一家大企业，在 PEST 面前也相对弱小。总体而言，想要平衡就不要逆势而为，但这个道理知易行难，而"行难"多是出于潜意识，所以本书通过案例对此再三阐释以加深印象，以减小潜意识对危机公关工作的干扰。

微观视角的落地路径

第四章曾提及危机公关步调出错有哪些表现，其中谈到在 A 公司和 B 公司案例中关于事实型内容的建议，便是微观视角平衡策略的一个具体应用，而且具有"阳谋"属性，读者可以用博弈论视角回忆这个案例。

展开来看，如果围绕 A 公司和 B 公司股东大会阶段的危机公关加以总结，在做博弈时，大多数情况下不宜在开场时就不留余地，以免彻底激化矛盾，而且在危机公关中博弈经常是反复进行而非一次性的，这便是一种微观视角的平衡策略。

另外从微观视角，还有一种策略看起来不太像危机公关的平衡策略，其实也属于危机公关博弈论框架范畴，即在谈判桌上解决双方的利益诉求争端。这种情况下又该如何使用危机公关呢？其实危机公关的底层逻辑用途很广，比如通过危机公关争取有利舆论环境对谈判氛围的拿捏具有参考价值，危机公关最大公约数策略对谈判内容的制定具有指导意义等。

掌握危机公关底层逻辑之后，便可以在不同场合对其加以借鉴。

这时候会发现，危机公关既可以是解决危机的工具，也可以用作主动出击的措施，有些企业或者个人便会选择借助危机公关策略去维护自己的权益。比如有借助危机公关策略解决股权纠纷完善公司治理的，也有借助危机公关策略追回投资款项的，但在借助危机公关策略维护权益时一定要摆正心态，尤其是要分析一下启动危机公关策略主动出击时的心态是不是投机主义。

　　本书已经多次利用抽象总结方式解读危机公关，以提升知识密度。读者在阅读中也可以感受到，危机公关的抽象总结其实并不难，而且我们在日常生活中一直在使用抽象总结能力，例如我们运用的东南西北是一种抽象，我们运用的地图也是一种抽象。

　　运用日常场景中积累的通用感知去对危机公关做抽象总结，有助于生活经验和专业知识相互促进并形成良性循环。

　　另外，危机公关博弈论框架参考了经济学常识性思维，而经济学最大的价值本就是提供一种思维方式上的训练，读者可以在危机公关博弈论框架以及后续的无差异曲线中关注这种思维方式。

| 第七章 |

与"利益相关者"达成和解

将危机公关的核心工作仅视为舆论处理是片面的，在危机公关中还需有意识地面对很多能够影响企业的利益相关者，这些利益相关者中的很多主体同时会受到企业的影响。毋庸置疑的是，大多数利益相关者通常会与企业产生利害关系，但需要注意，当企业处于危机之中时，企业的不同利益相关者之间也会产生相互影响。

1. 为什么企业会引起一致声讨？

在正式分析利益相关者之前，先来了解一下红黄蓝幼儿园"虐童事件"，观察者网 2017 年 11 月 23 日的报道如下[①]：

> 这两天，北京红黄蓝幼儿园再现疑似"虐童事件"，孩子的描述、部分曝光照片、家长的控诉不断刷屏，目前，朝阳区教委和警方都已经介入调查。

---

① 虐童事件再现，"幼有所育"的底线不容击穿．（2017 - 11 - 23）．https://www.guancha.cn/society/2017_11_23_436187.shtml.

23 日，微信公众号"人民日报评论"发表文章称，在社会舆论高度关注的强光灯下，此事因何发生？有多少孩子受到伤害？孩子们受到何种程度的伤害？种种问题，相信很快就会有权威而清晰的答案，相关人员必然会被依法依规严肃处理。

经济观察网同样对该事件进行了跟踪①，其中有些细节值得在分析利益相关者模型的过程中予以关注。比如，此次报道主要是围绕红黄蓝投资者电话会展开的，并非回应社会公众的关切。不同的沟通形式往往代表着企业在面对不同的利益相关者，对于红黄蓝公司而言，社会公众是一类利益相关者，投资者也是一类利益相关者。

事件迅速发酵，红黄蓝股价大跌，股价一度接近腰斩。随后，11 月 24 日晚间，红黄蓝宣布了 5 000 万美元股票回购计划，并于 24 日晚 8：30 召开投资者电话会通报阶段进展。

事实上，电话会推迟了一个小时才正式开始，电话会上，史燕来介绍说，红黄蓝第一时间成立了专项工作小组，本人立刻赶到幼儿园现场，积极配合政府部门调查取证。当天配合警方提供了所有的监控资料及设备，涉事的相关老师也马上停职，接受调查。

---

① 李思. 红黄蓝投资者电话会：公司战略不会因此次骚乱而改变. (2017 - 11 - 25). https://baijiahao. baidu. com/s?id=1585023953041991731&wfr=spider&for=pc.

企业方在执行过程中出现电话会推迟一个小时等细节问题，需要关注但在此不再展开，因为还有更重要的问题值得深入分析。

2017年11月25日《和讯名家》收录的自媒体"金融八卦女"的主创文章①，对此事进行了多个维度的评论并被广泛关注，本书截取该文章的第一个维度。

1. 这是一家心疼钱，多于心疼孩子的公司

如果一个幼儿园出了虐待孩子的报道，却没有任何动作让公众及时、透明地了解事件进展，只是在股价跌了的时候才出来解释，而且还不是面向公众……家长朋友们，那可能你应该提高警惕了：这是一家心疼钱而不是心疼孩子的幼儿园。

正如雪球大V@释老毛所说，价值观歪了，一切都不会正：

昨晚，该幼儿园原定于在美股开盘前的北京时间晚上8点30分组织投资者电话会，结果电话会一直推迟到9点17分才正式开始，足足晚了四十多分钟。

据报道，会议开始前，还特意问了几遍有没有媒体。

首先，文中提到的"特意问了几遍有没有媒体"这一细节值得注意。对于企业而言，媒体也是一类利益相关者，企业在做危

① 虐童事件频发，资本热钱绑架幼儿园，保护孩子只能靠股民？（2017-11-25）. http://app.myzaker.com/news/article.php?pk=5a1962021bc8e05f1200000e.

机公关时不能顾头不顾尾。

在此种情形下，一方面，即使企业方选择此时此地发问"有没有媒体"，真正想悄悄参会调查取证的媒体，一般不会主动说自己是媒体；另一方面，假如企业方在这种场景中发问"有没有媒体"，会让媒体感到被企业方推向了对立面。

可以将红黄蓝的案例与另一个案例做个对比，其中的逻辑有相似之处。此处简单回顾一下，在 2019 年 5 月的迈瑞医疗股东会上，其董事会秘书说的"你们散户""今天有好多股东，只有 100 股，也来参加股东大会，不知是何居心"的言论。

其次，更为重要的在于红黄蓝被该文章批评的出发点，"只是在股价跌了的时候才出来解释，而且还不是面向公众"，这句话描述的是红黄蓝的立场呈现出与公众关切背道而驰的状态，反映出舆论对于红黄蓝的愤怒进一步升级。

那么，红黄蓝面向公众这一重要利益相关者的行动是什么呢？

可以看一下新浪财经 2017 年 11 月 24 日发布的消息。[①] 红黄蓝发布了一封声明，但是，该声明引起了轩然大波，舆论对其进行了充分批评，除了网友对红黄蓝表达愤怒以外，还有一些名人也加入了声讨队伍。

下面将红黄蓝的这封声明摘录在此，读者可以按照第四章所说"起承转合"的起因、承接、转变、合意四个关键环节，对这

---

① 红黄蓝发声：等待政府调查结论 对诬告陷害行为已报案. (2017 - 11 - 25).
https://baijiahao.baidu.com/s?id=1585023953041991731&wfr=spider&for=pc.

封声明予以分析。

　　近日，我公司新天地幼儿园国小二班部分家长向公安机关报警，反映怀疑其孩子在幼儿园内受到侵害。对于此事给家长和社会带来的严重不安，我们深表歉意！目前我们已配合警方提供了相关监控资料及设备，涉事老师暂停职，配合公安部门调查，后续我们也将及时与相关各方保持沟通，等待政府部门的调查取证结论。

　　我公司对此事高度重视。在结论未明之前，一方面安抚孩子和家长的情绪，尽量将此事件对孩子们的影响降到最低；另一方面安抚全园教职员工的情绪，安排其他优秀教师暂管国小二班，保证该幼儿园的正常运转。同时，我们成立了专项小组，对园所进行全方位自查。

　　我们郑重承诺：

　　一、如有任何违反教师师德的人员和行为，我们坚决奉行零容忍的原则；

　　二、如有任何人员发生违法犯罪行为，我们绝不姑息，坚决移交司法机关依法严肃处理；

　　三、如有任何公司和幼儿园应承担的责任，我们绝不推脱。

　　对于个别人士涉嫌诬告、陷害的行为，新天地幼儿园园长已经向公安机关报案。

　　无论如何，孩子是国家的未来，更是每个家庭的希望。让孩子在幼儿园中有一个安全的环境，做到让家长和社会放心是我们义不容辞的责任。我们决定进一步全面升级全国园所的安全管理体系，后续将公布具体措施。恳请媒体和家长朋友们给予我们持续的监督和建议！

北京红黄蓝儿童教育科技发展有限公司

二〇一七年十一月二十四日

　　红黄蓝对于起因的描述，用的是"新天地幼儿园国小二班部分家长"，其中有一连串修饰语，用于限定并缩小范围，另外还写了家长对该事件采取的措施是"怀疑"，这个词暗指如果家长愤怒了，那么愤怒是对是错还属于未知数；在承接方面，红黄蓝用了"高度重视"以及"结论未明"等关键词，基本上反映出该公司并未发自内心地接纳公众的情绪；在转变方面，红黄蓝的三条承诺比较空洞，难以体现诚意，而且加了一条"对于个别人士涉嫌诬告、陷害的行为"报案；最后部分的合意属于红黄蓝的一出独角戏。

　　因为这封声明对自身造成较大的负面影响，该公司后续又写了其他几封声明，在此不再逐一列出。

　　读者在了解了红黄蓝面向公众这一重要利益相关者采取的行动后，可以再来关注一下该公司资本市场的后续走向。在时隔两年多的 2020 年 4 月 1 日，《证券日报》发布关于红黄蓝上市以来

市值蒸发 88％的报道①，该文文末的点评再次提及了虐童事件对
红黄蓝公司的持续影响。

　　截至 2018 年末，红黄蓝在 28 个省市拥有 101 所自营幼
儿园、247 所加盟幼儿园以及逾千家亲子园，但受虐童案影
响，红黄蓝暂停加盟业务的扩张。
　　有不愿具名的教育行业分析师认为，虐童事件对"红黄
蓝"品牌造成的负面影响仍未消退，品牌危机势必会影响企
业发展。

2. 影响危机公关成败的"利益相关者"

　　围绕红黄蓝事件，本书呈现了红黄蓝面对投资者、媒体、社
会公众等不同利益相关者的危机公关措施，而真实的利益相关者
并不限于案例中呈现的。虽然应对利益相关者给人的感觉是千头
万绪，但危机公关中的利益相关者分析有规律可循。
　　**原因在于，那些需要企业打交道的利益相关者，通常都已产
生了对应的工作种类，所以对于危机公关项目负责人而言，可根
据这些工作种类去排查有无遗漏的主要利益相关者。**
　　因此，我们可以根据这些工作种类，总结出危机公关利益相
关者 5R 分析以应对企业危机，在必要时也可引入权力/动态性矩
阵等学术模型，但在此不再展开介绍。

---

　　① 谢若琳. 红黄蓝教育股价创新低 上市以来市值蒸发 88％. (2020 - 04 - 01).
http://www.zqrb.cn/gscy/qiyexinxi/2020 - 04 - 01/A1585734406529.html.

通常情况下，读者了解 5R 即可，分别是 PR、GR、IR、ER、CR。对此，危机公关项目负责人可根据不同危机中 R 的重要性与紧急性的不同，作出相应的排序调整。这便构成了危机公关项目负责人在分析项目时对利益相关者进行排查的初步清单，因此读者需要对这 5R 建立概括性感知。接下来首先对 5R 做概括性陈述，然后对企业家危机公关核心领导力加以分析。

PR 层面

PR 即常说的公共关系，对此大家已经非常熟悉。在本书的危机公关范畴中，PR 视角的利益相关者主要指社会公众、新闻媒体、意见领袖三个方面。关于这三个方面，在具体的案例情境中会有所调整。

如果站在社会公众视角，有些情况下关注危机的社会公众是全国范围的，有些情况下是区域范围的，还有些情况下是社区范围的，等等。

这些范围之所以不同，既与危机企业的规模有关，也与企业危机的影响程度有关，更科学的方法可借鉴新闻界公认的新闻价值六要素进行判断，分别是真实性、时效性、重要性、接近性、显著性、趣味性。

需要注意，在有些情况下，社会公众与企业危机的关系并不仅仅是关注与被关注那么简单，而是更密切的关系。

比如，社会公众或者社会公众的一员或一部分，成了企业危机的导火索或者企业危机的受害者或受到影响的人，这是在处理危机公关时需要重点沟通的对象。当然，企业危机的导火索或者企业危机的受害者或受到影响的人，也有可能不是 PR，而是 5R 中的其他 R。

如果站在新闻媒体视角，处于危机中的企业需要用正确的方式接纳媒体，这样有助于营造平和的心态来应对危机。但是知易行难，危机公关顾问告诉企业方要接纳媒体，但企业方不一定能做到，所以需要循循善诱，告知企业方媒体有自身运行逻辑以提高企业方的接纳程度。

对于企业而言，存在部分个人或组织利用媒体力量敲诈企业的可能性，但通常情况下，媒体围绕企业危机展开新闻报道，是媒体运作机制中的组成部分之一，并非针对某一家危机企业。

首先，企业方通过了解这些规律，有助于放平心态，而不会在一开始就觉得总有媒体想害自己。企业的心态如果摆不正的话，在面对媒体时难以有正常表现，比如第三章提到的达芬奇家居。等解决好心态问题，再根据危机公关策略去决定是否接触媒体以及何时接触媒体，才能推动解决危机。

其次，在如何与媒体打交道方面，危机公关项目负责人要注意为企业与媒体的对话创造正向条件。关于这些条件，可以体现为理解媒体工作，周到安排接待，但一定不是暴发户式送礼。比如 2018 年碧桂园事故频发，很多观点公开抨击，在当年 8 月 3 日的新闻发布会上，现场未见碧桂园事故受害者家属，却有给记者的香奈儿，这些操作并不利于碧桂园营造与媒体进行对话的良好氛围。企业如果让媒体觉得良心不安，又如何能与媒体正常对话？

如果站在意见领袖视角，处于危机中的企业需要了解不同意见领袖的性格不同，比如有些意见领袖确实有情怀。最好通过熟人引荐来认识意见领袖以降低沟通成本。此外，还需明白意见领袖通常比较爱惜羽毛。

GR 层面

党的十九大报告提出"构建亲清新型政商关系"。援引分析人士观点，亲清新型政商关系的核心在于亲而有度、清而有为，以"亲"来密切政商关系，用"清"来规范政商关系，形成政商关系的良性互动。

另外，本书再强调一下联动的视角，如果 PR 没做好，GR 也将受到影响，危机公关项目负责人不能将 5R 割裂开。在处理危机公关时，企业如何在 5R 中选择一个关于 R 的合适的职能人员来统筹危机公关，以下有三种建议。

第一种建议，根据危机 5R 中 R 的重要性与紧急性不同，选择最为重要的 R 来负责危机公关，再由其他 R 来保驾护航；第二种建议，优先考虑 PR 或者 IR 中的 R，因为这两个部门面对的日常沟通形式更多样化，所以在面对危机的复杂形势时，上手也会更快一些；第三种建议，往往也是最优选项，即危机中的企业应该选择洞察能力、应变能力、统筹能力"三力"方面综合素质最强的人来负责危机公关项目。

IR 层面

IR 层面主要面向投资者以及分析师。通常情况下，将投资者称为买方，包括机构投资者和散户；可以将分析师称为卖方，他们的专业意见会对机构投资者和散户形成重要参考。对于非金融行业从业者而言，在一定程度上可以参考 PR 层面媒体与意见领袖角色对分析师进行理解。

在日常投资者关系工作中，无论是面向机构投资者还是面向散户，更多的工作重点在于传播沟通公司的投资亮点以及成长预期等。如果上升到危机公关层面，IR 视角需要处理的危机更多地与资本市场密切相关，这通常可以划分为两大方面：

一是公司投资价值层面的危机，比如产业政策出现重大变化、公司技术路线或将落后、公司现金流紧张、高管团队变化等等。这些会影响资本市场对企业的预期，从而容易引起企业危机。对此，需要企业给予合理解释且一定要转危为机，但是方式不一定局限于危机公关，比如可通过并购培育新的增长点。

二是公司治理层面的危机，焦点在于赢得包括机构投资者和散户在内的支持，以保障公司的控制权。大家经常听到的"门口的野蛮人"或者各类股权之争，通常都是在这个层面。整体而言，资本市场企业危机公关的复杂性会更大一些。

ER 层面

这一层面主要是指员工关系。对此，可以看一个案例，2019

年"华为前员工被羁押 251 天"的事件备受舆论关注，此处主要呈现 2019 年 12 月《新京报》对该事件的报道。①

> 拿到补偿款的 9 个月后，李洪元被深圳市公安机关刑拘、逮捕，最终深圳市龙岗区检察院决定不起诉。在被羁押的 251 天里，他先后涉嫌职务侵占、侵犯商业秘密、敲诈勒索三个罪名。从相关法律文书和李洪元辩护律师的调查结果来看，李洪元被抓源于华为的控告。
>
> "我觉得眼前有座大山。但这座大山，我现在翻不过去。" 42 岁的李洪元摘下眼镜，揉了揉眼眶，不无担忧地说道。

一般关于此类事件，人力资源部与法务部往往冲在与当事人沟通的第一线，但是在舆论层面出现员工问题发酵的苗头后，也应尽早与公关部门进行沟通。此外，还有一个用来判断是否要把沟通时间提前的参考指标，即人力资源部是否动用了不合情理但合法的手段与员工对立。

总体而言，企业在面对此类事件时不宜只看眼前，而是要统筹考虑与 ER 紧密相关的企业雇主品牌。

除此之外，企业也要善待员工以减小企业内部人士对企业战略节奏的干扰。比如就在我写作本书的过程中，一个投行的朋友打电话说他的 IPO 客户企业被企业内部人举报了，这便需要视事

① 李桂. 华为前员工被羁押 251 天，案件两次退侦、罪名两次变更. (2019-12-02). https://baijiahao.baidu.com/s?id=1651803207549315224&wfr=spider&for=pc.

情的严重程度采取相应的措施。

CR 层面

这一层面指商业伙伴关系，主要包括上游、下游、替代品、互补品四个主要类别。

其中，上游主要指企业供应商，下游主要指企业客户或者消费者，替代品主要指与企业的竞争关系大于合作关系的主体，互补品主要指与企业的合作关系大于竞争关系的主体。对这些类别的划分便构成了危机公关项目负责人在处理该层面危机时的利益相关者指导性清单。

在具体的危机公关执行工作中，项目负责人需要做好与不同部门、不同利益相关者的配合工作。其中有一点值得注意，遇到竞争关系大于合作关系的主体时，也可以找到对双方都有利的策略，本书在后文会提到相应的案例。

企业方如何放下对部分利益相关者的排斥心理？

有些企业难以真正地接受"现代公共关系之父"艾维·莱德拜特·李（Ivy Ledbetter Lee）提出的面向公众、媒体等利益相关者时"公众必须被告知""门户开放原则"等公共关系思想。这在一定程度上可以理解，因为很多企业在接触这些公共关系思想时往往是被教条式地推介的，站在企业角度自然难以接受。

这时候需要回想，企业一般是指以营利为目的的法人或其他社会经济组织。因此，在企业方认为公共关系思想不能够为企业带来价值时，便会有拒绝这些公共关系思想的倾向。

在此过程中需要注意的是，关于企业方认为公共关系思想不能够为企业带来价值，读者一定要分清两种情况：**一种是事实上有助于减少损失或者带来利益但企业方未能认识这些价值，另一种是错误运用这些公共关系思想本就不能为企业带来价值，两者不能混为一谈。**

某年 7 月，我在与一家企业交流的时候，这家企业的财务负责人介绍，5 月份自媒体写了篇质疑企业的文章，企业一直在用自己的方法解决危机且做了大量工作，但直到 7 月尚未解决市场的疑虑，这时候企业想到了外部的专业危机公关顾问。

因为这篇质疑文章的破坏力之大超出了企业的预期，已经影响到企业在资本市场的声誉，进而波及企业融资工作的开展，最终导致了企业的资金链压力。

在此情况下，顾问人员如果还是谈"门户开放原则""危机响应速度 24 小时时间原则"之类的思想而不谈解决方案，既容易导致体现不出专业价值的结果，也容易导致与企业方发生不愉快的局面，尤其是对于已经在努力解决危机的企业而言。

关于顾问人员开展工作的分析逻辑，企业员工与企业决策层进行沟通时也是同理。

如果想帮助企业方放下排斥心理，只告诉企业家不要有排斥心理，"公众必须被告知"等思想有多么正确，将是无效劳动。

真正有效的说服，要提供解决思路，比如本书所说的利益相关者分析、最大公约数"多赢局面"策略等等。

当公共关系人员在向决策层汇报时或者顾问人员在向客户提供建议时，直接把能够保护企业利益或者减少企业损失的解决方案亮出来，这些方案里的"公众必须被告知"等原则也就变得可以接受。若是一上来就说"公众必须被告知"等原则，容易让一些没有公共关系从业经验的企业家或者管理层感到不知所云。

总体而言，有些在危机上吃过亏且有幸渡过危机（没渡过危机的企业大多已被人忘记）并吸取危机教训（吃一堑长一智不是必然现象而需主动总结）的企业，在面对危机时不会混乱无措或留下后患。但大多数企业面对危机尤其是在初次遇到危机时，还是经常会像案例中所提到的企业那样错过最佳时机。

与企业高层建立信任，同样是达成有效说服的重要前提。

如果企业家和决策层对于员工和顾问没有信任基础，那么员工和顾问说再多也没有价值，甚至还会让决策层产生怀疑。

关于如何建立信任，可翻阅第五章"危机公关人员没能说服或没有说服决策层"中对原因的总结，进行逆向分析，即消除"没能说服"与"没有说服"两个方面的障碍。

企业家能够应对危机的关键领导力是什么？

关于企业家是否适合在自身企业遇到危机时担任危机公关负责人的问题，仁者见仁，智者见智。

通常情况下，多数企业家不一定适合担任此角色，应该由能获得企业家的支持并能说服企业家的人去承担该职能。从这也能够看出，在应对企业危机时，企业家是不可或缺的。对此，可以

借用"一把手工程"来形容这种情况。

可以再拓展思考一下，假如企业家承担了企业方危机公关负责人的角色，一个能够应对危机的企业家应该是什么样的？或者说企业家在危机中应该具备什么样的领导力？

从危机公关的角度来看，耳聪目明（听得清楚且看得分明）是企业家应对危机挑战的核心竞争力，也是多种领导力的源泉。

在我之前做过的一个危机公关案例中，我们团队在服务于某家上市公司时，在完成危机公关通稿后，由负责和客户对接的同事提交给了企业方，但是企业方过了近一周才确认。

后来我在和合伙人一起去公司时，专门与企业方沟通为什么会发生这种状况。企业方回答说，为了保险起见，企业希望律师对通稿作出修改，而律师修改需要占用时间。

因此，企业方在遇到较大的危机项目且必须配备多个不同领域的顾问机构时，企业方危机公关负责人有必要自己挑起来或者委托能够放下门户之见的顾问机构，来整合不同顾问机构的行动，而不能"脚踩西瓜皮，滑到哪儿算哪儿"。对于企业家或者企业方危机公关负责人而言，需要对不同的声音做充分的识别并进行科学的配置，这正是应对危机时的"耳聪目明"，也是在应对危机时的领导力的体现。

3. 安抚"利益相关者"共同应对危机

在 2016 年的一场危机公关中，某家龙头公司 D 的股权较为分散，因为控制权之争四面受敌，此时迎来一家新入局者 E 公司对 D 公司连续举牌。与此同时，新入局者 E 公司向 D 公司表明自身有百人规模的公共关系团队，希望双方不要上升到危机公关舆论层面。

对于 D 公司而言，即使危机公关团队能应对，也是少一个对手自然更好；对于 E 公司而言，卷入 D 公司的控制权之争本就意味着卷入了舆论漩涡，而且 D 公司本来也很优秀，少些对抗会更好。可以在这个时间点开启一下万能视角，最后在关于 D 公司的控制权方面，E 公司并未过多介入，对于 D 公司和 E 公司而言是个较为圆满的结局。

这说明 E 公司的危机公关负责人非常有能力，当然这也与 E 公司的企业家和决策者"拎得清"有关，明白危机公关负责人此次策略的价值在于"功劳"而不是"苦劳"。

对于 E 公司的企业家和决策者而言，一开始就能想清楚不以工作量为导向实属难得；对于 D 公司的企业家和决策者而言，在 E 公司已经跑到家门口的情况也能克制冲动，同样也非常不易。

这种具备远见性战略特征的危机公关，会大幅降低 D 公司和 E 公司在明面上的对抗程度，换言之，D 公司和 E 公司的公共关系部门关于此事的热闹程度会降低。因此，如果 D 公司和 E 公司的企业家和决策者喜欢看员工辛苦的表面文章，那么这种危机公关负责人就不会在 D 公司和 E 公司长久工作下去。

总体而言，虽然有些企业家还在注重表面文章，但更多的企业家正在觉醒。这也正是很多纯传播类型的危机公关策略遭遇瓶颈的原因：创意有余但战略不足，缺乏对利益相关者的通盘考虑。

2020 年 3 月，一家媒体的记者打电话问我危机公关怎么做，她说她的好朋友在一家金融类公司担任公关总监，现在遇到了某危机事件，想知道如何处理。当时我告诉这个记者朋友，关于这种事件的解决方案很难泛泛而谈，在时间有限的情况下，有两类基本问题必须要事先弄清楚：第一类基本问题，这个事件究竟因何而起以及该事件的影响范围和程度等一系列问题；第二类基本问题，这家公司有何资源以及不同资源的投入程度应匹配何种危机公关目标与打法等一系列问题。

在这两类带有战略属性的问题都得到深入分析的基础上，去制定危机公关战略方向并基于战略方向设计危机公关，最忌讳只谈网络水军这些看似热闹的手段。这位记者朋友又告诉我，在咨询我之前，她的朋友其实已经做了一版危机公关方案，主要就是网络水军造势、话题控评等等，被公司 CEO 驳回了。

前述案例中提及的第一类基本问题"影响范围和程度"，往往就对应着本书正在讨论的利益相关者。

企业如果想掌握利益相关者模型，本质上要具备一种体谅他人的能力。例如前述案例中这家金融类公司的客户，把资金投进公司，遇到公司出现危机便不可能没有情绪，在此情况下，企业要对这些情绪有充分的认识，有了这些认识，才能在制定危机公关方案时有的放矢。

进一步来看，体谅他人的能力本质上是一种关于共情的策略，要安抚利益相关者一起来应对危机。具体而言，面向 5R 利益相关者模型的共情策略，主要通过三种沟通要素加以落实，分别是沟通方式、沟通顺序、沟通内容。这三种要素非常生活化，大家可以借助生活经验理解这三种沟通要素在危机公关中的应用。

沟通方式

简单来看，沟通可分为点对点沟通、点对面沟通。其中，点对点沟通主要包括个人拜访、闭门会议等，点对面沟通主要是常见的企业声明、新闻报道等。

通常情况下，在舆论中关注企业危机的大多数受众，并不会要求危机企业进行个人拜访；但是，如果企业的重要利益相关者如官方机构、企业合作方受到危机的牵连，这时候若还通过媒体报道了解企业危机显然并不合适。例如，股权投资项目里有些会成功，有些会失败，在这种情况下，有的投资机构会策略性地帮助一些风险较高的已投企业面对危机。2018 年我参与一家投资机构对其已投企业的危机管理项目，项目团队通过书面材料主动向政府汇报了企业情况。

这里需要注意，选择点对点沟通还是点对面沟通并非完全依据利益相关者的重要性。站到陷入危机的上市公司的视角，社会公众舆论通常对于危机企业非常重要，但面向社会公众舆论的企业声明，通常是点对面沟通而非点对点沟通。当然，机构投资者对于危机企业同样也很重要，通常以点对点沟通为主、点对面沟通为辅。

关于选择沟通方式的最佳策略,其实已为人们所熟知,需要分析利益相关者对企业的预期。这个工作并不复杂,在找出利益相关者之后,一般通过内部讨论即可得出结论。

沟通顺序

关于危机公关中的沟通顺序,有一个细节需要注意,即不能顾此失彼,既要考虑利益相关者的重要性排序,同时也要兼顾危机公关各环节间的逻辑性顺序。

例如,在红黄蓝案例中,有评论者在批评红黄蓝投资者时说道:"如果一个幼儿园出了虐待孩子的报道,却没有任何动作让公众及时、透明地了解事件进展,只是在股价跌了的时候才出来解释,而且还不是面向公众。"

沟通内容

前文提到的红黄蓝的声明也是公关沟通内容的一种,但它带来的却是负面效果。

关于正确处理沟通内容的思路,一般按照第二章总结的四要素进行安排即可。另外需要强调,对于不同利益相关者,应避免内容口径上的冲突。

第四章中曾展开描述如何避免口径冲突,主要工作在于避免"自相矛盾",而"自相矛盾"有两个主要表现,一个是"前言不搭后语"式的前后矛盾,另一个是在不同渠道中"各说各话"式的相互矛盾。

　　具体来看，可以做一个假设，比如说红黄蓝举办了投资者电话会，投资者从电话会上了解到的内容和其通过媒体或者其他渠道了解的信息不一致，投资者在内心是无法妥善完成交叉验证的，这时候投资者又如何能相信企业呢？

　　但是，面对不同利益相关者难免需要不同的沟通内容，如果这个"不同"不是口径上的不同，又该是什么呢？

　　面对不同利益相关者可以用不同的内容，但应减少内容口径上的冲突，而是适当在内容信息量多寡方面有所区别。

　　对于危机企业而言，不同利益相关者会对企业危机的涉入程度不同，以媒体为例，危机企业的负责人在接受采访时对媒体说的内容不一定需要全部写进稿件之中，那么在这种情况下媒体和社会大众了解到的信息量就出现了不同。

第八章

借"无差异曲线"做危机公关取舍

为危机公关制定目标，在某种程度上会出现类似于经济理论"不可能三角"描述的情况，即难以同时获得全方位的目标。即使我们希望"既要又要也要"，也须想清楚自身最想要的究竟是什么，找到这个关键目标以后再做其他目标的加减调试。如果用文艺一些的方式表述，可以用不忘初心来形容。

1. 企业是否应基于负面报道起诉媒体?

关于这一问题，本书将结合三个案例加以分析。

第一个案例，2016 年 7 月 22 日，《新京报》报道了其在一场诉讼中一审胜诉。谋求首次公开募股（IPO）的中曼石油以其名誉权被侵犯为由，要求新京报社等相关方赔偿 2 600 万元。

首先来了解报道中对中曼石油诉讼背景及诉讼请求的描述。①

---

① 朱星. 中曼石油诉新京报名誉侵权案 新京报一审胜诉. （2016 - 07 - 22）. https://www.sohu.com/a/107015854_114988.

今年 3 月，正在谋求 IPO 的中曼石油，起诉新京报社关于其 IPO 的报道涉嫌侵犯其名誉权。去年 12 月，新京报发表《纠纷缠身　中曼石油启动 IPO》和追踪报道《中曼石油被纳入失信被执行人名单》，就中曼石油 IPO 存在的风险、涉及的诉讼，以及去年 12 月被法院纳入失信被执行人名单等事项进行报道。

判决书显示，中曼石油称，上述报道发出后，证监会上海监督局于今年 2 月 19 日要求中曼石油、券商及律师就报道事项进行核查，导致其 IPO 申请停滞延后。中曼石油以上述两篇报道侵犯其名誉权为由，向上海市浦东新区人民法院提起诉讼，要求新京报社等相关方赔偿其 2 600 万元。

接着再来了解一下关于法院判决书的相关情况。建议读者在阅读判决书的相关报道时细心总结其中的关键要点，这几个关键点对于企业危机公关工作具有重要指导意义。

浦东新区法院在判决书中表示，中曼石油作为欲向社会不特定公众首次公开募股的拟上市企业，其支付能力、涉诉情况、履行生效法律文书的意愿等直接与其商业信用相关，属于对不特定投资者作出投资决策有重大影响的信息，亦因此涉及社会公益。

"新京报社作为新闻媒体，基于原告发布的招股说明书，进行深度调查及追踪报道行为，系其发挥监督社会经济活动功能之表现，并无不当。"浦东新区法院表示。

　　法院认为，报道的资料来源于法律文书、工商信息等，是完全可信的资料来源。记者采访相关方的报道内容，绝大部分已被证明系客观真实，至于有争议部分也仅关涉细节性的非基本重要事实，"记者据此采写报道并无明显不当"。

此处提请读者关注法院观点中的三个要点。

判决书中"属于对不特定投资者作出投资决策有重大影响的信息""系其发挥监督社会经济活动功能之表现""至于有争议部分也仅关涉细节性的非基本重要事实"三个要点，在很多情况下，便是企业需要学习的企业媒体关系管理规则。

　　再来了解一下案例结果，中曼石油以新京报社侵犯其名誉权为由的这场诉讼，有些得不偿失。如果说企业为了 2 600 万元的赔偿，那么应该做好诉讼请求被驳回的心理预期；如果说中曼石油为了企业的名誉而战，起诉媒体的行为很有可能会对中曼石油的名誉形成二次伤害，不符合危机公关的策略。

　　如果这两个推测均不能完全解释中曼石油作出诉讼决定的理由，那么中曼石油作出诉讼的决定又是为了什么？或者对我们又有哪些启示？为了解决这类问题，后文我们会引入无差异曲线，来对企业家以及决策层在危机公关中的选择加以分析。

　　另外，在中曼石油案例中还有一个细节具有重要的借鉴意义。企业在遇到媒体采访时采取"拒绝作出回应"的鸵鸟政策会产生什么样的影响？从案例中可以得到更为直观的理解。

上述报道采写期间，新京报记者多次致电或发邮件，试图采访中曼石油，但都被拒绝。法院认为，鉴于新闻的时效性特点，新京报记者前后两次表达采访意愿已属充分。

"在新闻媒体已向报道不利方进行事实征询情况下，因被询问人拒绝作出回应，使得媒体根据合法可信的资料来源，如实刊载存疑信息，由此导致的潜在不利后果应由被询问人即原告自行承担。"

法院认为新京报社已经履行对争议报道进行合理审查的义务，并不存在过错。判决书显示，报道提到的事实确实会对中曼石油的商誉造成严重损害，但该种损害是中曼石油自身行为引发的，并非新京报社导致。

当企业遇到危机时，无论是在公关细节的微观执行层面，比如上述拒绝作出回应的行为，还是在公关策略的宏观战略层面，比如对利益相关者的战略沟通不积极，这些鸵鸟政策只会延误应对危机的宝贵时机。

中曼石油案例以及前文提及的法院判决书中三个与公共关系相关的要点，对企业危机公关尤其是拟进行首次公开募股的公司而言，有重要参考价值。

第二个案例，本书此前提到某家企业在某年5月份被自媒体写了质疑文章，影响了企业在资本市场的声誉并波及企业的融资工作进展。这种情况下即使选择起诉，企业也熬不起法律拉锯战上的时间损耗，而且事情会越来越扑朔迷离，加剧信息不对称并干扰融资。

第三个案例，泸州老窖诉网友名誉侵权，本书对此不再展开分析，读者可以自行分析。

在阅读案例之前，本书提出一个开放性问题供读者阅读时思考：如果危机公关顾问能够劝说泸州老窖改变策略，泸州老窖愿意为此事向危机公关顾问支付咨询费吗？或者若内部员工能够劝说泸州老窖改变策略，泸州老窖愿意为此事给予该员工奖励吗？

以下为 2021 年 8 月 19 日人民资讯百家号转载的源自大众网的内容。[①]

> 近日，湖南长沙的张女士因在一条拍摄宠物猫闻自己脚的短视频中，配上了"国窖1573"的广告音乐及其广告词，被泸州老窖起诉侵权。法院认为张女士的视频有损毁侮辱泸州老窖的表意，判决张女士道歉并赔偿泸州老窖人民币7万元，同时在短视频平台个人账号发布道歉，并置顶一个月。
>
> 在致歉声明中，张女士表示，本人完全服从法院判决，并就因本人过错损害泸州老窖产品名誉向泸州老窖致以诚挚歉意，同时本人将引以为戒，避免此类事件再次发生。

---

① 马婉莹. 女子恶搞视频被判赔7万，泸州老窖告赢却引争议. (2021-08-19). https://baijiahao.baidu.com/s?id=1708501562313318740&wfr=spider&for=pc.

当事人拍着玩惹官司　被判赔泸州老窖 7 万元

张女士的视频发布于去年，她提供的判决书显示，视频前半段出现了一只猫在舔一个人的脚趾，这个时间段视频上配的文字是"你能品味的历史"；

后半段，另一只猫先是闻了闻脚，但并未舔脚，这段视频上配的文字是"436 年、国窖 1573"；

而"你能品味的历史 436 年、国窖 1573"正好是泸州老窖旗下白酒品牌国窖 1573 的经典广告音乐。

目前该视频已被当事人删除或隐藏。

今年 3 月，泸州老窖起诉了张女士，认为其所发视频侵犯了产品的名誉权。张女士称，自己在收到法院传票之前，没有接到对方的电话，所以不知道这个音乐不能用，后来才知道事情的严重性。

法院判决认为，该视频内容指向明确，带有明显贬损侮辱原告公司的表意，最终法院判决张女士向泸州老窖赔礼道歉，消除影响，赔偿 7 万元。

泸州老窖告赢却引争议　直播间被迫关停

张女士的道歉视频目前有超过 8 万的点赞量，但是网友的看法分歧较大。

有人认为，张女士使用"国窖 1573"的广告音乐本就属于侵权行为，而在宠物猫闻脚视频中配上其广告词，又存在让人将"脚臭"与主打"浓香型"属性的"国窖1573"系列酒联系起来之嫌，故而企业的维权是合理的。

也有人持反对观点，认为使用其广告音乐者大有人在，而张女士的视频也不过是玩笑之举，此次泸州老窖起诉侵权，未免过于"上纲上线"，显得"格局太小"。

甚至还有人跑到泸州老窖直播间里进行攻击、谩骂，直播间上架的商品被"一抢而空"，网友表示下单之后不付款或发货了就退款，面对如此的讽刺调戏，泸州老窖直播被迫中止。

阅读案例之后，读者对前面提出的问题有了自己的答案，提出建议的顾问或者员工不一定能获得报酬。

回到该案例，这件事情在舆论中引起了轩然大波，主流媒体也对此事进行了相关报道，此处可以补充一个细节，读者可以借此进一步感受危机处理不当会带来的一系列连锁反应。下文节选自中国网财经2021年8月20日讯。[①]

国窖1573广告违规使用团徽被举报

就在因与张女士的诉讼受到舆论关注之时，8月18日，有网友举报称，泸州老窖销售公司的短视频账号"国窖1573"，于2020年5月3日发布的视频中，以动画形式将共

---

① 李静. 泸州老窖诉网友名誉侵权被指"仗势欺人"　国窖1573宣传违规使用团徽被举报官方已着手调查. （2021－08－20）. http://jiangsu. china. com. cn/html/2021/bgt_0820/10866731. html.

青团团徽贴在酒瓶上进行商业推广。

目前，该段被举报的视频已被删除。

记者联系泸州老窖相关工作人员，对方表示，对违规使用团徽一事"不清楚"，但同时又表示使用团徽"无恶意也不是营销目的"。

2. 提高决策科学性的"无差异曲线"

危机公关中的无差异曲线

危机公关无差异曲线指在能够给企业危机公关决策人带来相同危机公关心理满足程度的两个方面企业投入力度的所有组合的曲线，代表了危机公关决策人为了获得同样的危机公关心理满足程度，让企业加大在某一方面投入力度的同时，在另一方面的投入力度就会减小。

本书旨在借用经济学中的无差异曲线思想对危机公关中的决策加以分析，所以危机公关的无差异曲线与经济学中的无差异曲线不一定完全一致。读者可以通过经济学教材深入学习无差异曲线，为了方便读者理解，此处仅做简单解释。

经济学中的无差异曲线通常是指一条表示线上所有点两种物品不同数量组合给消费者带来的效用程度相同的线。简单来说，比如这两种物品分别是香蕉和橙子，为了补充维生素，可以吃四根香蕉和两个橙子，或者吃两根香蕉和三个橙子，意味着选择多吃香蕉就少吃橙子，多吃橙子就少吃香蕉。

为了更好地帮助读者理解危机公关无差异曲线，本书在这里列出了四个要点。

第一，危机公关无差异曲线的主要分析对象是危机公关决策人而非危机企业。

危机公关决策人一般是指企业家或者是已经建立健全公司治理的企业的 CEO 等。在本书中，危机公关决策人不完全等同于危机公关项目负责人，前者更侧重于危机公关的最终决策以及承担危机后果，后者更侧重于危机公关项目的策略与执行并对前者负责。

第二，危机公关无差异曲线的主要分析动作是危机公关决策人如何做决策，即围绕决策过程寻找决策优化方式。

关于危机公关决策人的决策是否科学，需要基于危机企业在该决策影响下的最终"实际经济结果"来判断，即在某种意义上，企业危机公关决策人的危机公关无差异曲线属于小圈，危机企业的实际经济结果分析属于小圈外的大圈，这些可在公司治理学中找到逻辑基础，此处不再展开。

第三，"某一方面投入力度"与"另一方面投入力度"合在一起约等于经济学无差异曲线中的两种商品。可参考前文列举的香蕉与橙子的例子来理解，此处不再赘述。

第四，危机公关无差异曲线选择"心理满足效果"来衡量效用程度。其原因在于，无论是精神上的目标收益还是物质上的目标利益，企业危机公关决策人在对这些进行判断时，都是经由心理活动作出。

了解危机公关无差异曲线之后，可借用其中逻辑，对中曼石油起诉新京报社的案例进行分析。

假如中曼石油起诉新京报社是由于危机公关决策人对相关报道不满意，为了平复心情，决定改变法律投入力度与公关投入力度的配比，即让企业加大法律投入力度去起诉新京报社，相应的公关投入力度便会减小或者受到干扰。

在这种情况下，危机公关决策人有可能通过出气式诉讼提高心理满足程度，但公关投入力度减小或者受干扰又会降低危机公关决策人的心理满足程度，因此，起诉后心理上的整体满足效果和不起诉的情况相比，变化不大。

那么，能否把法律力度和公关力度都加大？即将危机公关无差异曲线中的"某一方面投入力度"与"另一方面投入力度"都加大？

采取这种策略的可能性一般较小，企业资源也即企业力度具有有限性，而且企业需要把主要投入放在主业上，所以分配给类似事件的投入力度不会是无限的。这时候，便可以为危机公关无差异曲线加上一个新条件，即"在企业总力度不变的情况下"。

用升维视角分析危机公关无差异曲线

此前都是围绕危机公关决策人展开分析，也就是危机公关无差异曲线第二个要点中提到的小圈，现在需要看看小圈外的大圈。

这就意味着需要引入危机公关无差异曲线升维后的视角，即关注危机公关决策人决策的影响下企业最终的实际经济结果。结合案例可知，中曼石油因为新京报社一审胜诉，企业相关新闻再一次被舆论和社会广泛关注；与此同时，前文通过假设分析得出危机公关决策人的心理满足程度不变。

关于案例的这一对比结果值得关注，因为即使维持了危机公关决策人心理满足程度不变也即小圈层面，企业的实际经济结果即大圈层面比如企业名誉等，也会因为败诉受到负面影响，这些都是实际经济结果上的损失。

通过这种对比可以发现，小圈很重要，但大圈同样重要。做决策的过程中跳出自己的小圈，再基于大圈来看小圈，可以给小圈提供很多有价值的建议。这一过程有助于危机公关决策人优化危机公关决策过程，进而提高危机公关的效果。

但是，很多危机公关决策人在做决策的过程中陷在危机公关无差异曲线小圈而没有察觉。本书接下来要分析，究竟应该采取何种措施，以提高危机公关决策的科学性。

3. 借助"无差异曲线"权衡公关决策

在借助危机公关无差异曲线权衡决策之前，需要理清应用场景的层次问题。

危机公关无差异曲线的分析对象是危机公关决策人，由危机公关决策人根据其有意识或者无意识的无差异曲线去领导或者影响企业，使得企业将"某一方面投入力度"与"另一方面投入力度"配比组合，以满足危机公关决策人的心理满足程度，这些都属于小圈层面。

在危机公关决策人的上述过程中，企业对"某一方面投入力度"与"另一方面投入力度"的配比组合所带来的实际经济结果，属于大圈层面。

科学的方式是要基于大圈来分析小圈，这意味着危机公关决策人应避免陷在危机公关无差异曲线的小圈未能察觉。此时需要企业内部参谋或者外部顾问及时予以提醒，去帮助危机公关决策人跳出自己的小圈，但是也不排除有些危机公关决策人能自行通过"吾日三省吾身"的方式跳出小圈。

进一步总结危机公关无差异曲线中的规律以指导实践

为了更好地运用危机公关无差异曲线，读者需要从已知悉的案例中挖掘出新的认知。比如第五章中提到 2020 年 8 月末资本市场非常热门的乐歌股份案例，乐歌股份董事长项乐宏发朋友圈吐槽平安资管，被媒体广泛报道。

根据乐歌股份项乐宏当时的表述可知，他的很多朋友甚至领导建议他把"朋友圈的微信删了"，他还表示"在沟通中，他指出对方根本没做功课时，平安资管人士当场表示不认可乐歌方面的讲话"，双方出现了不愉快。在该事件成为舆论热点之后，其对乐歌股份的声誉带来的影响弊大于利。

关于此事，项乐宏应该进行了反思。所以，后续看到项乐宏在 2021 年 2 月 9 日说:"作为上市公司董事长,情绪控制能力、对资本的包容度要提升,我也希望资本能够更深入地研究我们企业,如果过去是个错误,那错误绝不再犯,欢迎更多的资本朋友来考察、调研、投资。"

这里将乐歌股份案例与中曼石油案例加以对比。在中曼石油案例中,本书是将法律诉讼和公关沟通分别作为危机公关无差异曲线中的"某一方面投入力度"与"另一方面投入力度"。但是,若结合大圈以升维思考,则需要寻找更底层的"某一方面投入力度"与"另一方面投入力度",分析路径在于寻找能够影响危机公关中法律力度和公关力度配比的要素。

如果追根究底,就会发现关键在于危机公关决策人的情绪和理性的波动,因此,可以将危机公关无差异曲线中的"某一方面投入力度"与"另一方面投入力度"分别对应为危机公关决策人让企业体现出的情绪力度和理性力度。

在某种意义上讲,企业也是可以有情绪的。比如,在乐歌股份案例中,项乐宏不是一个自由职业者,市场会将他的情绪与乐歌股份捆绑在一起。

如果将乐歌股份董事长项乐宏发朋友圈展示情绪视为给乐歌股份带来了情绪力度,那么可以作出如下分析。

作为危机公关决策人,会因为企业情绪投入力度的增加,获得心理满足程度的提高,这是一种加法;但是,企业理性投入力度的相对减小会给企业带来实际经济结果上的负面影响,危机公关决策人心理满足程度的提高会被这些负面影响造成的心理失落所抵消，因为决策人与企业休戚与共，这是一种减法。

在这一加一减之间，决策人的心理满足程度很难获得增加，不过在这一加一减之间，企业的实际经济结果比如资本市场形象受到了影响。

因此，企业内部参谋或者外部顾问需要让危机公关决策人认识到危机公关无差异曲线的这两种力度组合，帮助危机公关决策人在意识层面成功注意到潜意识中的危机公关无差异曲线，减小这些潜意识对决策过程的干扰，从而使危机公关内外部执行人员也能够获得更友好的危机公关执行环境。

进一步来看，如果要对危机公关无差异曲线进行更深层次的认识，便会发现核心是一种权衡取舍的能力。在危机公关中，可以通过固化出一套关于选择的策略来提高危机公关决策时权衡取舍的科学性。

如何做好关于选择的策略？

在对关于选择的策略进行细化之前，危机公关决策人需要思考一个问题，这一问题涉及两个方面但并没有标准答案。

一方面，危机公关决策人要想清楚自己究竟想要什么，在已经有了大额财富的情况下，是想要名、要利或要活得潇洒等等，并且知道这些"要"都是有价格的；另一方面，危机公关决策人要想清楚自己的责任是什么，他在公司获取经济利益便对这个公司负有契约责任也即"责"，而且利益相关者都会默认由他负责。

很多企业之所以从危机公关变成公关危机，重要原因之一便是方向上的摇摆，即由于危机公关决策人没有想清楚这些必须要想但又没有标准答案的"要"与"责"的问题，在这一问题上没有真正作出决定。

虽然这个问题的答案由决策人自己决定，但不影响后续细化策略。在策略细化阶段，本书先默认危机公关无差异曲线中的选择符合科学的危机公关的要求。

危机公关决策人需要领导或者影响企业，即在危机公关无差异曲线中，作出保持理性力度和控制情绪力度的组合选择。对此，可以结合案例加以了解，中新网客户端于 2020 年 7 月 2 日对腾讯与老干妈的案例进行了梳理。[①]

> 事情的最初曝光是在 6 月 29 日，中国裁判文书网显示，广东省深圳市南山区人民法院日前发布了一则民事裁定书，同意腾讯的请求，裁定查封、冻结老干妈公司名下 16 240 600 元的存款或财产。
>
> 6 月 30 日，腾讯对此回应称，此事系老干妈在腾讯投放了千万元广告，但无视合同长期拖欠未支付，腾讯被迫依法起诉，申请冻结了对方应支付的欠款金额。
>
> 6 月 30 日晚间，已经两年没更新的老干妈公众号连夜发出公告：从未与腾讯进行过商业合作，已经报警了。

① 左宇坤. 撞上老干妈，腾讯"逗鹅冤"！（2020 - 07 - 02）. https://baijiahao.baidu.com/s?id=16710644443870203312&wfr=spider&for=pc.

7月1日上午，贵阳市公安局双龙分局发布警方通报称，初步查明，系3名犯罪嫌疑人伪造老干妈公司印章，冒充该公司市场经营部经理，与腾讯公司签订合作协议。通报还指出，此3人的目的是获取腾讯公司在推广活动中配套赠送的网络游戏礼包码，之后通过互联网倒卖非法获取经济利益。目前3人已被刑拘。

如果舆论任意发酵，有可能会对腾讯带来较大的负面影响，这种情况下的舆论走向大概与2020年7月1日字节跳动副总裁批评腾讯言论中的逻辑有较高的吻合度。新浪科技对字节跳动副总裁的言论进行了跟踪①：基本事实都没调查清楚，就可以直接启用公检法手段，竟然还成功冻结了对方1600万元！说明这家公司已经形成了用公检法打击一切不利于它的日常思维，而且简化到连调查都懒得去调查了。这也引发了后续字节跳动高管与腾讯高管的一系列隔空喊话。接下来我们关注腾讯在2020年7月的危机公关中的思路。

腾讯的官方认证账号于1日中午在bilibili上发布一条消息：今天中午的辣椒酱突然不香了……

"别人买一瓶假的辣椒酱亏8块，我亏1600万！"7月1日晚间，腾讯又在bilibili上发布了一个《我就是那个吃了假

---

① 字节跳动副总裁再吐槽腾讯：偷换概念 滥用影响力. (2020 - 07 - 02). https://baijiahao.baidu.com/s?id=1671113689139240957&wfr=spider&for=pc.

辣椒酱的憨憨企鹅》的视频，大喊：警察叔叔请帮帮我！

"现在你看到了，有人祝我用餐愉快，有人笑出了猪叫声，还有人要我发微信红包庆祝一下，说我就配拥有这些酱。可是这些酱太重了，QQ飞车根本装不下！"声称自己"干啥啥不行，吃辣椒酱第一名"。

有些声音认为舆论偏袒弱者，所以腾讯扮作弱者以吸引同情。其中关于舆论偏袒弱者的看法有一些道理，但如果将舆论偏袒弱者直接作为方法论则会存在一些漏洞。

暂且不提第五章案例中碧桂园主席杨国强表达"我真的是天底下最笨的人了"所引来的批评，读者在对舆论偏袒弱者这一观点持部分赞同态度时，还需注意一个现象"舆论反转"。例如，人民网舆情监测室早在 2015 年的文章中便已指出"多起'舆论反转'事件引社会反思"。

围绕舆论反转，再举一个发生于 2015 年 5 月的案例，《北京青年报》对"成都女司机被打"事件进行了跟踪。[①]

　　5 月 3 日，一段"成都女司机遭暴打"视频在微博、微信等社交媒体上疯传。视频显示，在成都某立交桥，一男司机将一女司机逼停后当街殴打，多次踹向女司机头部。该视频激起不小"民愤"，众多网友纷纷谴责男司机暴行，并要求

---

① 钟欣. 市民：被打女司机称变道没问题 伤害了力挺她的人. (2015 - 05 - 08). https://society.huanqiu.com/article/9CaKrnJKL5T.

对其严惩。

第二段视频曝光后，原本一致谴责男司机暴行的网络民意出现大反转。有网友认为女司机随意变道很危险，"这女司机不是水平差，是心黑，是谋杀无辜的路人！"此后批判女司机的言论成为网络民意主流，更有甚者认为女司机挨打系其"自作自受"。还有人呼吁除严惩打人的男司机外，还应对女司机卢某进行惩处以杜绝其危险驾驶行为。

如果处于危机中的企业套用舆论偏袒弱者论去执行危机公关，便容易在错误导向的影响下，差之毫厘谬以千里，出现一些机会主义的错误行为，引起诸如舆论反转之类的麻烦。

分析完舆论反转现象以及舆论偏袒弱者论的风险，继续回到腾讯的案例上，去挖掘危机公关无差异曲线中关于选择的策略。现在需要回顾一个知识点，在引入腾讯危机公关案例之前已经提及，危机公关决策人需要领导或者影响企业，在危机公关无差异曲线中，作出保持理性投入力度和控制情绪投入力度的组合选择。

那么如何找到这种组合选择？

假如危机公关决策人在危机公关无差异曲线中多配置些情绪力度、少配置些理性力度，这时候企业展现出来的气场在外界看来便是"强势"二字。假设腾讯不声称自己"干啥啥不行，吃辣椒酱第一名"，而是在舆论中不依不饶地声讨老干妈公司，以让危机公关决策人出口气，这样在大圈里便会为腾讯带来不利影响。

做完逆向思考之后便可得知，关于保持理性投入力度和控制情绪投入力度的组合选择，第一个关键词是"不强势"。

在腾讯与老干妈的案例中，暂且不论事实层面如何，腾讯在公共舆论层面的危机公关表现是"不强势"。腾讯选择以一种娱乐化的方式扮作弱者，表现出"不强势"的强者的自嘲，而且腾讯也知道社会不会认为腾讯是弱者。

对于经典案例，企业家以及企业高管团队通常都愿意加以学习，但因为危机公关案例很难完全套用，所以核心在于找到案例中的启发性思路，尤其是思路方向不能出错。如果套用舆论偏袒弱者论的思路研究腾讯的这个危机公关案例，也有一些道理，但更大的可能是缘木求鱼，在底层逻辑上出现一些方向性偏差。

关于保持理性力度和控制情绪力度的组合选择，第二个关键词是"识大体"。

比如第二章中提及的关于 A 公司和 B 公司对赌争议的案例，在开这个不同寻常的股东大会之前，危机公关顾问要对 A 公司总经理进行一些临场应变的培训，所以在会议室里，一方面是律师团队在操盘攻守演练，另外一方面是危机公关顾问分析策略。当时在律师演练之后，危机公关顾问提出的建议是，B 公司一定会派法律高手过来，如果在股东大会现场，A 公司总经理与 B 公司法律顾问陷入法律辩论的语境，那么 A 公司总经理大概会处于劣势。

所以，A 公司总经理在直面 B 公司法律顾问的进攻时，最佳危机公关策略是不要把股东大会变成庭辩现场，而要在双方话题中动之以情，再用经营中的道理来引导议程。那么，A 公司的总经理就能够获得碾压性优势。

这个案例中的培训思路便是"识大体"这个关键词的具体体现。

关于如何对话题进行统筹、对议程加以引导，需要具体案例具体分析。第二章中关于素材要素的探讨可以在这方面给予读者大量启发。

最后，再来看一下"不强势"与"识大体"这两个关键词，可以发现这两个关键词在一定程度上还可以分别对应危机公关无差异曲线中的情绪投入力度和理性投入力度。

| 第九章 |

据"边际产量曲线"控危机公关成本

危机公关不是企业的目的，如果为了危机公关而危机公关，便容易造成过度危机公关，既容易造成更高的成本，也容易引来更大的麻烦。

1. 为什么有些危机公关引来众怒？

以下是 2006 年《新京报》对《第一财经日报》两位记者遭天价索赔案的跟踪[①]，这一案例与第八章提及的中曼石油案例属于同一题材，但案例后续分析侧重点有所区别。

"我的感觉是恐怖！"翁宝 7 月 17 日接到了一份法院冻结其个人财产的通知书。直到此时，他才知道他和报社的另一名记者王佑被别人告了。

起诉他们的是一家名叫"鸿富锦精密工业（深圳）有限

---

① 刘志明. 记者遭天价索赔案转折始末.（2006 - 08 - 31）. https://tech. sina. com. cn/it/2006 - 08 - 31/02431112373. shtml.

公司"的企业，隶属富士康科技集团（以下简称富士康）。

6月15日和22日，《第一财经日报》刊发了记者王佑写的两篇报道，反映富士康普遍存在工人"超时加班"问题。7月初，富士康旗下法人公司鸿富锦公司在深圳市中级人民法院起诉翁宝与王佑，索赔3 000万元，其中翁宝1 000万元，王佑2 000万元。

鸿富锦公司提出财产保全请求，法院迅速查封了翁宝、王佑二人的房产、汽车与存款。

"回头看王佑写的稿子，还是蛮客观的。"秦朔，《第一财经日报》总编辑，在8月28日晚接受本报记者采访时说。

在隶属于富士康的鸿富锦精密工业（深圳）有限公司起诉媒体记者侵权案件之前，富士康已经因《第一财经日报》的报道以及《21世纪经济报道》等媒体的追踪报道成为舆论焦点。鸿富锦公司起诉媒体记者侵权案件没有对社会舆论形成震慑，而是引起了社会舆论对富士康批评声音的升级。以下是中国广播网2006年9月的评论①：

富士康起诉媒体记者侵权案件，9月3日终于有了新的结果：富士康和《第一财经日报》经过多方协商后，最后握手言和，商定庭外和解。这一早在多数人意料中的结果再次

---

① 刘涛. 富士康起诉媒体：闹剧收场. （2006 - 09 - 05）. http://www.cnr.cn/luntan/sytt/200609/t20060905_504283940.html.

说明：从一开始就注定以闹剧收场的富士康状告记者案，纯粹就是富士康在逗媒体玩。媒体的记者大可不必把这些财大气粗的企业巨额索赔放在心上：只要报道有理有据就没有什么后怕的。

富士康状告记者案一开始，媒体几乎是一边倒铺天盖地指责富士康利用经济的优势打压处于弱势地位的记者，再加上富士康疏于和媒体的交流，一些得不到确切消息的媒体便把富士康的"笨拙"视为傲慢，更加大了对富士康的批判力度。

一时之间，媒体特别是网络媒体对富士康的批判达到狂轰滥炸的地步，终于，体无完肤的富士康不得不退后一步，将起诉记者的3 000万元巨额赔偿改为象征性的1元钱，结果还是以闹剧收场，媒体持续关注的舆论压力让富士康终于认识到：搬起石头砸自己脚的苦果只能自己来尝。闹剧注定的结果只能是草草收场。

据《第一财经日报》方面介绍，在有关富士康的报道刊发后，双方曾进行过沟通，但起诉却很突然。富士康方面可以选择沿着良性的危机公关思路对该事件加以处理，然而它却选择了起诉记者，将力度大幅升级。

起诉事件的结果，舆论评价为以闹剧收场，企业声誉在此过程中受到重创。富士康方面起诉媒体之所以会引发舆论强烈关注，有多个方面的因素，排除富士康作为一家大型公司本就吸引舆论关注之外，还有如下三个方面的原因值得关注：

第一，富士康方面在当时选择起诉记者索赔 3 000 万元的行为与"不强势"原则相背离。

此前在第八章对"不强势"关键词进行了详细阐释。危机公关决策人需要领导或者影响企业，在危机公关无差异曲线中，作出保持理性投入力度和控制情绪投入力度的组合选择，在这个逻辑中可以演化出两个关键词，其中一个即为"不强势"。

第二，富士康方面在舆论中的企业形象与 PEST 模型相比出现不和谐的声音。

一方面，从 PEST 模型来看，社会在不断进步，日益重视保护劳工权益。比如有报道指出，《第一财经日报》总编辑秦朔在 2006 年曾介绍：6 月上旬的一天，报社开编前会，一些人提到了保护劳工权益的问题，还提到鸿海的一些员工在网上发帖子，揭露工作条件如何严酷，于是我们讨论决定，派记者去调查。

另一方面，虽然富士康方面索赔 3 000 万元的起诉吸引了舆论对于富士康的核心注意力，但是并不代表人们忘记了富士康方面的劳工权益相关话题，而且该案每每被人关注，便会让人联想到起因是劳工权益引发的舆论。

此处的关键点并非富士康当时的劳工权益实际情况，而是聚焦于认知层面，即假如舆论普遍认为富士康在劳工权益方面存在问题，便是当时富士康在认知层面与 PEST 出现了不和谐，这一逻辑可参考第五章中应然与实然的关系。

　　需要注意的是，如果企业因主观或客观原因未能解决危机，那么即使企业得以生存下来，危机印象也会是企业的伤疤，如果合作对象对企业危机有相关认知，企业合作的交易成本便会增加。例如，前文曾列举某家企业因自媒体文章导致融资受阻，金融机构风控部门的第一要义是风险控制，对一些融资企业的负面信息较为敏感且存在过度反应的可能性，因此在信任危机解决之前，不愿对该企业的融资予以放行。

　　第三，富士康方面的策略与危机公关边际产量曲线的逻辑相冲突。关于危机公关边际产量曲线，将在后文详细介绍。

　　在分析了富士康方面起诉媒体引发强烈舆论关注的主要原因后，对该案例开启一个跨越时间的全能视角，把富士康方面起诉记者一事放在时间的长河中去分析一下是否值得。

　　我们需要明白舆论有其运作规律与机制。本书此前也探讨过，以媒体为主力之一的舆论监督的存在，对社会而言是投资回报率较高的机制之一，即使会对部分企业造成误伤，但对社会整体而言具有正外部性。新闻报道权是媒体的天然权利，这是不以报道中企业的意志为转移的客观事实，而且有些企业也会寻求媒体救助。

　　关于富士康方面，虽然有针对记者的3 000万元索赔案，但媒体记者后续面对该公司的负面新闻时依然会选择报道。比如，2010年5月26日《中国青年报》上刊载的《多味药方何以止不住流血的富士康》一文①，行文措辞比较有力度。

2. 指导企业进退的"边际产量曲线"

前文在富士康方面起诉媒体引起舆论强烈关注的原因中，曾提到可以从边际产量曲线入手加以分析。

危机公关边际产量曲线主要指危机公关可变投入的成本与危机公关边际产出效果之间关系的曲线，主要表明危机主体增加一单位的危机公关投入所带来的危机公关效果的增加量。下面对此作出相关解释：

第一，"危机公关主体增加一单位的危机公关投入"中的"一单位"，通常是用投入金额加以表示，比如可以是 1 元或者 1 万元等等。

第二，危机公关投入所带来的危机公关效果的"增加量"，同样也可以用金额进行表示，即危机公关回报的增加量。

此前在讨论危机公关战略投资视角时聊到危机公关的回报情况，多体现为危机主体因为危机公关而避免的有形无形危机损失额，因此便有了一个等价关系：公关投入所带来的危机公关效果的增加量，在一定程度上可以等价为因为公关投入导致企业避免的危机损失额。

第三，危机公关边际产量曲线中的主语是危机主体而不是危

---

① 梁江涛. 多味药方何以止不住流血的富士康. 中国青年报，2010 - 05 - 26.

机公关主体。

这是因为危机主体不一定等价于危机公关主体，危机公关主体有时候由外部顾问机构充当，而为此付出公共关系费用的组织或个人仍然是危机主体。

在危机公关边际产量曲线中需要重点关注递减规律。

危机公关边际产量曲线递减规律是指，在危机条件不发生重大变化的情况下，增加危机公关投入且当投入量增加到一定程度以后，增加一单位危机公关投入所带来的危机公关效果的增加量是递减的。

经济学中有关于边际产量递减规律的详细解释，危机公关中可以借鉴经济学思维。关于危机公关边际产量曲线的递减规律，读者需要在思维上有所认知，核心还是在应对企业危机时将这些思维运用到危机公关中。

例如，前文介绍了富士康方面起诉记者的案例。富士康方面如果选择沿着良性的危机公关思路对该事件加以处理，危机公关投入增加带来的效果是良性的；富士康方面如果选择将力度大幅升级即起诉记者，在包含法律手段的危机公关力度上增加投入，带来的效果可能存在较大副作用，如有舆论评价起诉一事以闹剧收场。

在分析该案例的过程中，还要引入一个视角，即企业危机公关中公关与法律间的关系。当我们将这两种行动区分研究时，便是两种投入力度；当我们将这两种行动合二为一服务于企业时，服务的成本便是危机公关投入。危机公关中的视角不同时，认知不同，定义也会不同，有点类似于移步换景法。

危机公关边际产量曲线递减规律，还可以用来对一些有争议的企业观点进行分析。例如，有些企业持有的观点是难以容忍任何负面评论，并基于这种观点催生了删帖式"公关"。现在以删帖式"公关"观点作为分析对象，以帮助读者熟练掌握危机公关边际产量曲线，同时了解一些危机公关误区。《法治周末》于 2019 年 11 月发布《安利、步长制药、辅仁药业为"有偿删帖"付费数百万，多家"公关公司"因此被判刑》一文。①

"有偿删帖"涉案数百万

为了"趋利避害"，这些公司雇佣了所谓的"公关公司"，而这些"公关公司"和负责删帖的"水军"也有着错综复杂的关系。

根据中国裁判文书网，荆州市沙市区人民法院作出的 (2018) 鄂刑初 188 号、(2019) 鄂 10 刑终 141 号刑事判决书，还原了这起案件的经过。

该案件中多位公关公司高管被判刑，寻求删帖服务的上市公司也被曝光，而且这篇报道先后被新浪财经、同花顺财经等转载，2019 年步长制药、辅仁药业等涉事企业的资本市场声誉，在原本

① 王京仔，王硕. 安利、步长制药、辅仁药业为"有偿删帖"付费数百万，多家"公关公司"因此被判刑. (2019 - 11 - 06). https://baijiahao.baidu.com/s?id=1649505542485805345&wfr=spider&for=pc.

受创的情况下受到进一步的影响。

删帖式"公关"不同于有理有据有温度的且不可滥用的撤稿要求,而是具有过度"公关"的弊端。因此,可以将删帖式"公关"作为过度"公关"的代表,以减少错误选择的发生。

首先,科学的危机公关投入一般足以满足企业应对危机的需求,但是有些企业持有的观点是难以容忍任何负面评论,并基于此观点选择承诺保底的删帖式"公关",这便会在危机公关边际产量曲线递减规律的作用下,很可能给企业带来伤害,例如上述案例。信息时代完全杜绝负面信息是不现实的,企业应该正确看待负面评论。

与危机公关密切相关的律师行业,就有《律师执业管理办法》(2016 年修订)第三十三条明文禁止律师对案件结果进行不当承诺。这可以倒逼企业在选择律师时,是真的依据律师能力来甄选。如果律师可以进行不当承诺,就会出现劣币驱逐良币的现象,企业也只能陷入根据律师承诺的美丽程度和律师的 PPT 制作水平去筛选律师的境地。但是公共关系的行业边界、服务内容、服务标准难以精准界定,危机公关确实难以像律师行业那样管理。

其次,除了危机公关边际产量曲线以外,第三章对负面事件进行战略象限划分时,已经提到面对不同负面信息的处理策略是不同的。企业不能用删帖式"公关"的"战术勤奋"掩盖危机公关上的"战略懒惰",这一行为还会带来更严重的负面影响,企业在此过程中会麻痹自我。

我们团队 2019 年在内部探讨资本市场传播时，有人提及某家上市公司的负面舆论，舆论的源头指向了一个非常专业的财经自媒体，而这个财经自媒体的主笔刚好是我的一位好友。

所以我便咨询该财经自媒体主笔，该上市公司在 2018 年出现雪崩的源头在哪儿，他回答说他的文章有可能成为该公司这次雪崩的导火索。

2018 年，他分析了该上市公司的财务问题。

在这篇自媒体文章发布后的第二天上午，该上市公司就出现了投资者用脚投票的情况，而该财经自媒体主笔只想做财务分析，并不想抨击任何企业，所以自发删除了相关文章。

据这位财经自媒体主笔介绍，此前已有声音质疑该上市公司，但是这一次，即使在自媒体文章迅速删除之后，该上市公司的麻烦仍然像滚雪球一样越来越大。后续该上市公司除了受到证监会处罚以外，相关涉嫌犯罪行为的人员也被证监会移送司法机关。

在 2020 年及 2021 年，围绕该上市公司讨论最多的主题已经不是财务问题，而是该公司离退市还有多远。

有些时候，不仅企业方想删帖，有些作者在发布文章后也会主动删帖。但是，对于企业方而言，删帖式公关是企业方过度投入带来的纸面繁荣，看似解决了眼前问题，实则属于掩耳盗铃。

3. 借助"边际产量曲线"找到分寸感

随着危机公关投入力度的不断加大会出现效果上的边际递减

情况，因此，对于危机公关投入力度的拿捏，本质上是一种适可而止的能力，而这一能力往往体现在危机公关中关于投资的策略上，即投资方向上的"可为与不可为"和投资力度上的"可为到何种程度"。

从整体的危机公关投资回报来看，在危机公关战略投资视角中曾介绍过，要把危机伤害值的减少额当作分子，把危机公关的投入额当作分母，用分子除以分母，即企业因为危机公关而避免的有形无形危机损失额，除以企业在危机公关上的投入额，就可以算出关于危机公关的投资回报比。

关于危机公关投资回报比的计算方式，如果利用边际产量曲线的逻辑加以理解，便是每增加一单位的危机公关投入所避免的危机损失额。

从危机公关的整体执行情况来看，企业高层要在危机公关上花费多少精力，企业的危机公关要有多少预算等等，这些都是关于危机公关的投资策略方面的整体思考，需要视危机对企业造成影响的严重程度进行具体分析。关于如何判断危机对企业造成影响的严重程度，可以参考第三章，根据不同情况给出不同的解决思路。

那么，在具体的公关执行过程中，对危机公关投资策略的考虑，主要是要具备危机公关边际产量曲线思维，了解对危机公关进行细化执行时在投资力度上"可为到何种程度"，并建立一份关于危机公关的意识清单，具体包括三个方面。

危机公关内容方面

在英国危机公关专家迈克尔·里杰斯特（Michael Regester）提出的 3T 原则中，有一个 T 是"Tell It All"原则，有人将其翻译为提供事件全部信息或者提供全部情况。我主要是基于危机公关项目经验对危机公关方法论加以总结，所以并未详细研究迈克尔·里杰斯特有没有系统阐述如何具体应用"Tell It All"原则。要提醒的是，在危机公关中应用这个 T 时需要注意力度。

对此，可以先来了解一个非常有代表性的危机公关案例，此处呈现《第一财经日报》于 2005 年 6 月 20 日对格兰仕的报道。①首先来看一下该报道所使用的导语，一般也是记者在写作过程中想呈现的最重要、最精彩的事实。

> 近日，衡阳市质量技术监督局开展了"对格兰仕微波炉产品 3C 认证调查"。格兰仕方面称，对方表示"如果格兰仕愿意出 200 万元，事情可以不了了之"。

从导语内容来看，在格兰仕涉嫌冒用 3C 认证的传言事件中，格兰仕一方关于"200 万了事"的说法为这一事件增加了话题性，吸引了主流财经媒体的关注。此处再补充一下这个导语所对应的正文部分，来了解一下导语的原委。

---

① 梁振鹏. 格兰仕涉嫌违规运用 3C 认证 遭衡阳质监局调查. （2005 - 06 - 20）. http://finance. sina. com. cn/chanjing/b/20050620/03081700472. shtml.

格兰仕企划部负责人游丽敏告诉记者，在格兰仕和衡阳质监局接触中，对方向格兰仕表示"如果格兰仕愿意出200万元，那这件事情就可以不了了之"，这已经远远超过企业的承受能力。所以双方"协商未果"。

虽然次日广东格兰仕集团有限公司企划部陈娟在接受《华商晨报》采访时对该事进行了否认，"到现在格兰仕公司也没有收到过衡阳市质监局的有关函件，昨天我公司看到相关报道后，紧急致电衡阳市威达尔商贸有限公司，证实从没有向该媒体说过'衡阳质监局拟200万了事'的话，此事纯属子虚乌有"。但是，"200万了事"事件的传播范围已经扩展到了全国。

下面通过报道来了解一下事件的来龙去脉。报道中格兰仕高层的态度也值得关注，读者在报道中会看到格兰仕对"这份通知"的反问语气以及"保留法律诉讼的权利"的姿态。

记者从格兰仕在衡阳市的一家经销商——衡阳市威达尔商贸有限公司处得知，6月8日，衡阳市质量技术监督局稽查支队发来一份《质量技术监督通知》称："你单位销售的多个产品货号的格兰仕微波炉冒用3C认证，其产品的性能、使用寿命尚待考证，存在危及人体健康和生命财产安全的可能。请你单位收到通知之日起立即停止销售，并配合执法人员清点库存数量和销售数量，立即向社会公告并召回可能存在缺陷的格兰仕微波炉。"

　　格兰仕一位高层告诉记者，"这份通知，只是衡阳市质监局在调查中出具的普通法律文书，能表示公司违法吗？只有处罚决定书才能认定事实。对于衡阳市质监局的这种行为，格兰仕也会保留法律诉讼的权利。"

　　关于格兰仕的姿态，读者可以回想一下第二章中关于情绪要素的案例，即狗不理包子王府井店在 2020 年 9 月面对舆论事件的处理方式，与格兰仕这一套行为方式存在一些相似之处。

　　这一情况类似于黑格尔所说的"人类从历史中学到的唯一的教训，就是没有从历史中吸取到任何教训"，对于危机公关尤其如此。因此，在危机公关上如果方法得当，企业稍微努力一下，就能减少很多损失。

　　最后，再来看一下该事件的相关影响：

　　记者获悉，受"衡阳质监局调查"和"当地媒体报道"的影响，格兰仕微波炉在衡阳市的销售已经受到了相当大的影响。

　　另外，格兰仕自身也认识到情况的严重性，在 2005 年 6 月 20 日的格兰仕公司情况说明中，也提到目前关于格兰仕冒用 3C 认证遭查的传闻及报道已扩大至各类媒体。

　　事后，衡阳市时任质监局局长在 6 月 24 日向媒体宣布格兰仕不存在假冒 3C 认证和违法行为的调查结果。虽然格兰仕的销售以及品牌在一段时间内遭遇的损失已经不可挽回，但事态进一步蔓延的趋势已经得到控制。

关于危机公关这个热门但又偏门的具有重要价值的行业，教训和经验却未能得到很好的传承。例如，第三章中提到的达芬奇家居案例发生在格兰仕案例之后，但 2011 年达芬奇家居的舆论危机拖了接近半年之久，在一定程度上低于 2005 年格兰仕的危机公关处理水平。

回顾关于格兰仕涉嫌冒用 3C 认证的传言事件，对于格兰仕而言，即使是在辩论的情况下，也不宜让该传言闹得沸沸扬扬。基于格兰仕视角的策略，无论是主动还是被动，都不应该为该事件的话题性增加"如果格兰仕愿意出 200 万元"等内容素材，以免火上浇油。

关于危机公关内容方面，实践原则在于企业不宜用力太猛导致过度透露。本书认为关于透露内容程度的最佳标准是，在能够实现说服目标的前提下信息越简洁越好。

危机公关渠道方面

危机公关的渠道要服务于在危机公关中制定的关于向受众进行传播的目标。在此需要回顾一下危机公关中触达受众的理想状态是怎样的。

第四章介绍立体坐标系宏观时间维度时提及，对于危机公关而言，相对理想的状态是不用追求舆论体量的过度扩充，而是使危机公关的信息直达能影响危机以及受危机影响的受众，当然这一理想的状态通常是危机公关追求的方向，很难完全实现。

关于危机公关的渠道，也是同理。

具体而言，关于危机公关渠道的处理思路，首先是应该控制引入与目标受众无关的渠道量，其次是尽量优先与有正面预期的渠道进行沟通，并可以酌情放弃寻求部分渠道的支持。

例如，第三章在运用平面坐标系对危机企业的正面新闻进行分析时，曾围绕 A 公司和 B 公司的案例做了进一步的延展，当时顾问方的建议是在舆论一边倒的情况下，召开新闻发布会的时机还不成熟，应该先邀请一两家媒体做下专访，看看反响再讨论决定是否召开新闻发布会。

此外还需了解一个现象，危机内容方面的话题性与危机渠道是联动的。

例如格兰仕案例，对于该公司而言，如果能将其涉嫌冒用 3C 认证的传言的影响面控制在当地而非向全国范围蔓延，会是更好的选择。因此，格兰仕不宜扩散"如果格兰仕愿意出 200 万元"这些有传播力的内容，以减少舆论对在全国范围内拥有读者的财经媒体的关注，从而避免危机渠道的过度扩充。这里所说的危机渠道与危机公关渠道有时候是重叠的，只是随着视角的切换会有不同的称谓。

此后，关于"如果格兰仕愿意出 200 万元"的信息出现了转变，格兰仕对该事表示了否认，这说明公司也意识到不能任由话题性增加导致危机渠道过度扩充，应避免吸引过多媒体关注。

危机公关执行方面

本书此前介绍过一个案例，某家企业在某年 5 月因为被自媒体文章质疑，导致该企业在资本市场的声誉受到波及，进而使融资工作进展受到牵连，财务方面面临较大压力。对此，该企业一直尝试用自己的方法解决，并且各个方面都做得不错，但因为资本市场对该企业存在信任危机，导致该企业的措施无法形成合力。

这个时候企业需要的不是与媒体慢慢沟通，而应迅速撰写公共关系通稿，并交由合适的媒体关系供应商予以定向式批量发布，以尽快恢复资本市场对企业的信任。

上述案例中的操作思路，便是在危机公关执行方面在关键时刻对于细节的处理方式，遵循的是"非常之时行非常之法"的逻辑。那么危机公关的"非常之法"究竟是什么？

关于危机公关执行方面的分寸感，需要有一个明确的判断方法：通常情况下，我们要认识到危机公关的细节非常重要，但是在不影响大方向以及不为未来埋雷的前提下，细节在与时间冲突时需让位于时间。

围绕危机公关执行，还要再补充一些细节，主要是与危机公关内容相融合的危机公关执行。在谈及危机公关执行方面的案例时，本书提到了撰写公共关系通稿，那么如何撰写公共关系通稿？

关于通稿撰写的执行细节，整体上可以参考第二章中的最大公约数方法，但即使时间再紧迫也不能乱写通稿而埋雷。

通稿文案的撰写，要避免第二章提到的全棉时代的"广告式道歉"，这种"广告式道歉"文案容易引起受众的反感。读者一定要冷静看待这类案例，尤其是不能轻视这些公司，万一自身处于危机之中，有可能表现得不及这些公司。

本书在此列出危机公关通稿的两个常见乱象：一是误把公共关系通稿当作文学作品来写，虽文采斐然但是不符合公共关系通稿要求，媒体难以将其作为新闻通稿参考；二是把公共关系通稿当作广告文案来写，这种稿件即使能够发布出去也难以发挥说服作用，因为受众一眼就能看出企业方是在自夸，便不愿再信任通稿内容。

这种事情最可怕的地方在于，错误的危机公关执行是企业给自己放的烟雾弹，导致企业误以为完成了危机公关，等到醒悟时已经错过了时机。

┃第十章┃

基于危机公关逆向思考战略管理

如果对本书第二章至第九章的要点进行提炼，那么直观数学模型四章分别对应沟通、洞察、抓统筹、懂方向，通用经济模型四章分别对应格物、兼容、善选择、知分寸。因此，通读本书可以看到，危机公关是各种技术的组合体。

在了解危机公关的前期，感知到的是各种技术，但在后面便是一种全局意识和逆向思维的整合体。危机公关除了具备化解危机的本职功能，以及举一反三启发思维的迁移价值之外，最重要的益处在于可以帮助我们快速获取商业认知。这是因为在危机公关项目中，企业家会与项目成员分享第一手的商业战略体会以助力解决危机，这一过程的重要参与者如果愿意做有心人，可将多方信息进行综合研判、提炼和内化，于公有助于危机工作的开展，于私有助于战略认知水平升级。

大家可以看到，运用战略思维模型可以提升危机公关效果，而危机公关中的商业认知锻炼又有助于提升战略管理思维，这是一种良性循环，而且从某种意义上来说是从简单到复杂再回归简单的过程。此处，我们主要聚焦于危机公关反向优化战略管理这一回流。

在运用危机公关的过程中，可以沉淀出有助于战略管理咨询的战略和市场与财务三角联动逻辑。危机公关的全局意识与逆向思维特点决定了在危机公关项目中需要综合分析多个视角，而战略和市场与财务通常是关键出发点，因此便强化了对企业进行联动逻辑分析的刻意锻炼。

如何做好战略和市场与财务的三角联动？

此处先对战略和市场与财务三角联动逻辑做一个整体介绍，通常可以表达为用战略指导财务及市场，用财务调控战略及市场，用市场实现战略及财务。在执行联动逻辑的过程中，要具体问题具体分析，比如可以在保持联动逻辑的前提下深挖某一个视角，也可以拓展现有的三角联动逻辑外延，但过于复杂不一定利于执行。

不同于大前研一的公司自身（Corporation）、公司顾客（Customer）、竞争对手（Competitor）的 3C 战略三角模型，本书所说的战略和市场与财务三角联动逻辑的关键在于帮助战略部门或者战略职能人员在推动企业战略管理尤其是增长战略时找到落地抓手。因此，本书构建了 3C 战略牵引体系，以引导企业实现价值创造。

3C 战略牵引体系有三个抓手，第一个抓手是与战略相对应的传播（Communication），第二个抓手是与市场相对应的渠道

（Channel），第三个抓手是与财务相对应的计算（Calculation）。在这三对对应关系中，彼此之间并非替代品而是互补品，例如战略与传播要相辅相成。但是，基于读者对这些关键要素的熟悉程度，我会做不同程度的描述。

关于与战略相对应的传播

第一个抓手是与战略相对应的传播，即企业在战略层面需要充分考虑传播属性。很多企业花巨资制定了好战略，但为何没有落地？这往往是由战略中的传播属性不够造成的。

有些治理健全的公司在战略层面唯董事会导向，有些治理尚在发展过程中的公司在战略层面唯创始人导向，但若在战略上忽略了对传播抓手的植入，将会导致未来的战略执行缺乏落地土壤。当然也有一些公司因为多方面的原因，在后续工作中补上了战略视角的传播抓手。

比如在 2020 年 2 月，某家公司创始人问我能否帮他们公司写篇软文做一下推广，公司准备在新冠疫情期间发力线上业务。经过沟通之后，我首先告诉这位创始人他的战略是对的，接着告诉他需要的不是软文而是战略级文字内容，即将战略和传播结合起来，指导并赋能市场，释放出企业已经具备但尚未得到释放的增长潜力。

简单来看一下战略级文字内容的作用路径，业务方面的销售工作会因此得到润滑，高管也会因为减少重复沟通而得到解放，例如无须再与团队频繁定基调和做解释。通过基于战略视角的内容优化工作，当月该数字化产品线销量增长 40 倍，实现了从几百到几万的突破，当年该产品线实现了在创立两年后的扭亏为盈，与 2020 年上半年该企业线下产品受阻的紧迫情况形成了对冲。

次年，这家公司创始人在制定企业文化时再次找到我，他说正在更新公司现阶段的企业文化，已经做了前期工作并沉淀了足够的素材，因为企业文化的两大关键在于战略视角和传播应用，希望我能站在传播角度帮助他们提炼出可以落地的企业文化内容。

这就是第一个抓手，做好战略的同时将传播作为抓手，引领企业向着战略目标前进。大家可以看到，企业家都是能够联动思考并且能够灵动创新的一群人，而我们作为咨询师，不是和同行竞争，而是和这些企业家赛跑，落后就意味着被淘汰。包括本书总结的 3C 战略牵引体系，我在后续的工作中也会不断加以优化和升级。

因为战略是个通用词，此处不再做过多解释，但需记住战略与传播是存在双向关系的互补品。接下来，继续了解如何将传播这个抓手应用于上市公司的资本市场战略。

2021 年 3 月，我与一家上市公司客户围绕年报中的经营情况进行讨论与分析，并提供战略和传播维度的建议。因为公司年报中的经营情况讨论与分析是企业战略的最佳体现，随着企业战略的不断升级，经营情况讨论与分析也需要不断优化，比如修改的方向、修改的程度等等。该公司董事会秘书将下一步的行动称为战略陈述，我觉得这个词用得非常到位。

有人说上市公司的资本市场战略是投资者关系，两者密切相关但也略有区别。

关于与市场相对应的渠道

第二个抓手是与市场相对应的渠道，此处先来看一下两个抓手间的过渡。毋庸置疑，战略对于市场具有指导价值，又可基于战略视角中传播抓手的文字内容，进行文案创造并将文案注入渠道，在我们的日常实践中，这一行为往往被称为构建企业信息屋。

看完两者间的过渡情况之后，我们来了解一下第二个抓手。与第一个抓手相比，第二个抓手理解起来较为容易，但是这要求我们站在更宏观的视野来认识，比如此时所说的市场也包含营销等组成部分。

下面了解一下为什么在市场视角中选择渠道作为抓手。将互联网电商以及传统经销商视为渠道是毋庸置疑的，但肯定也会有人问，市场工作通常是由销售人员来驱动的，这该如何从渠道角度加以理解？

对此，读者可以从宏观角度来逆向思考一下，麦克卢汉曾提出媒介即人的延伸，但是反向思考也具有参考价值，例如，公司的销售人员在企业与客户之间搭建了有形或无形渠道。所以，关于市场视角的渠道，通俗一点来讲，就是企业投入人财物成本铺设的用以交换价值的有形或无形通路。

渠道是个比较成熟的概念，根据市场可以分为产品市场和资本市场的思路，渠道也可相应分为两个类别。

关于产品市场的渠道，读者已经非常熟悉了，包括销售部门、经销商等都可以归为此类。比如，在第一个抓手中提到的第一个案例企业，就建立了庞大的销售团队培育了非常强大的渠道，本书所说的战略级文字内容便主要是通过这个渠道发挥巨大作用，这也体现了联动的逻辑。

关于资本市场的渠道，通常是指投资者关系，简称投关或者IR，这对于非上市公司或者未面向股权类投资者进行融资的企业而言，相对陌生一些。例如，我们在第一个抓手中提到的关于年报的建议，往往需要通过投关发挥价值。

综合来看，渠道既是一个帮助企业实现价值的抓手，也是一个需要企业大量投入的抓手。对渠道抓手加以建设，也需要谋定而后动。比如，我们需要根据企业战略来判断在渠道建设上是进还是退。又如，与扩张型战略相对应的通常是扩建渠道等等，我们需要判断企业资金能否支持，还要看一下来自财务视角的计算调控。

关于与财务相对应的计算

第三个抓手是与财务相对应的计算。比如战略制定得是否现实、市场能否再投资等等，都离不开对财务过去和未来的计算分析，这些均属于财务方面的调控价值。

但是因为多种原因，尤其是财务知识专业壁垒以及财务未能融入经营这两个主要因素，财务部容易与公司其他部门之间形成部门墙，沦为单纯的"账房先生"，而解决这一问题的主要方向在于计算。

此处选用"计算"一词的价值取向有三层：第一层，将财务信息以一种通识型的数学方式去表达，即降低财务部门墙的取向；第二层，借助财务逻辑对企业经营进行理性的计算分析，即推动管理会计的取向；第三层，借助数字化手段打通财务与经营以释放财务潜能，即升级财务工具的取向。

具体来看，第一层价值取向中的"计算"，主要体现在财务表达方式的数学通识化方面。这可以用于帮助非财务专业人士理解财务，从而为财务发挥调控功能做好沟通机制保障，属于服务于调控的方式。另外，对于上市公司 IR 而言，在同资本市场进行高效沟通的过程中，财务也是关键语言之一。

第二层价值取向中的"计算"，主要体现在分析企业方面。我们需要让企业家及高管团队真正了解企业，从而帮助公司决策者在制定战略时能够做到有的放矢，助力公司检查在开拓市场的过程中能规避哪些低效投资。这属于通过帮助决策者认清企业，以实现间接调控的方式。例如通过对财务报表的计算分析，可以很清楚地看出企业的资产效能是否已得到发挥以及存在哪些问题。

第三层价值取向中的"计算"，与第二层价值取向中对过去加以回顾的属性不同，而是侧重于对未来的预算管理，这是一种数字化的具象手段而非空谈，属于直接调控的方式。一方面，企业通过这些财务战略计算，可以充分发挥预算管理的价值，清晰呈现公司的发展规划，既能监督又能赋能；另一方面，则是通过数字化手段让财务真正服务于企业业务，提升业财融合效能。

　　回顾一下战略和市场与财务三角联动逻辑，即用战略指导财务及市场，用财务调控战略及市场，用市场实现战略及财务，并通过 3C 战略牵引体系加以落实。总体而言，传播、渠道、计算这三个抓手是战略管理手段而非目的，最终仍需服务于企业的价值创造这一核心且需持续更新。